LADISLAS ST. REYMONT

(Prix Nobel 1924)

JUSTICE

Traduit du Polonais

PAR

Paul CAZIN et André JACQUET

PARIS

LIBRAIRIE PICART

59, Boulevard Saint-Michel, 59

—

MCMXXV

Edition originale

à Monsieur

Romain Rolland

...au grand écrivain de France

respectueuse sympathie

Vladislas St Reymont

Paris, le deux Mai
1925 - **JUSTICE**

8°Z R. Rolland
1157

DU MÊME AUTEUR

L'Aposolat du Knout, notes de voyage au pays de Chelm,ı, , tradution par Paul Cazin. (Perrin, 1912.)

ŒUVRES DE PAUL CAZIN :

L'Humniste à la Guerre, 6ᵉ éd. Un vol. in-16. (Plom-ı- · Nourıt). Couronné par ıl'Académie Française (priixx x : Marclın Guérin.)

Décadi ou la Pieuse Enfance, roman, 14ᵉ édition. UJnn ı ı volume in-16. (Plon-Nourrit.)

L'Aloutte de Pâques. Essais et fantaisies. 10ᵉ éditiom.ı. . . Un vl. in-16. (Plon-Nourrit.)

TRDUCTIONS DE LA LITTÉRATURE POLONAISE :

Les Mémoires de Jean-Chrysostome Pasek. Un vol. in-8.l. . . (Socıcté d'Edition « Les Belles-Lettres »). Couronné paar r : l'Acdémie Française, prix de l'Académie.)

L'Oraisn Dominicale, de G. Zapolska (Sansot).

L'Aposolat du Knout, de L. St. Reymont (Perrin).

Vie et Opinion de Sigismond Podfilipski, de J. Weyss-ı- - senhof (Plon-Nourrit).

Le Prince Joseph Poniatowski, de S. Askenazy (Plom-ı- - Nourıt).

LADISLAS ST. REYMONT

(Prix Nobel 1924)

—

JUSTICE

Traduit du Polonais

PAR

Paul CAZIN et André JACQUET

PARIS

LIBRAIRIE PICART

59, Boulevard Saint-Michel, 59

—

MCMXXV

Eddiliéttiion originale

Le génie de Reymont semble avoir jailli par
miracle de la glèbe même d'où il est né. C'était
en 1868, dans la région de Piotrkow. La Pologne
meurtrie travaillait en silence. Reymont ne connut
guère d'autre école que les expériences variées de
la vie. Paysan, acteur de province, employé de
chemin de fer, il tâta un peu de tous les appren-
tissages, même de celui du cloître. Peu d'écrivains,
pour avoir aussi peu appris dans les livres, se
seront fait une aussi belle place parmi les maîtres
du livre.

Représentez-vous un personnage replet, trapu, d'aspect solide ; deux fortes mains, blanches et souples, relevant à chaque instant, d'un geste arrondi, machinal, une chevelure abondante et soyeuse, dressée à pic au-dessus d'un vaste front ; une barbiche en pointe, un masque léonin, mais d'un bon lion ; enfin, et surtout derrière un indéracinable pince-nez, deux yeux de myope, tel qu'il n'est pas possible d'en jamais voir d'autres, deux yeux fracassés comme un miroir en miettes, aux mille scintillements.

En cinq ans à peine, de 1893 à 1898, Reymont est arrivé à la notoriété avec La Comédienne, Les Ferments qui racontent son roman comique, puis au grand succès de La Terre Promise, vision titanique de Lodz, le Manchester polonais. En 1904 parut le premier volume des Paysans, immense poème en quatre romans, portant le nom des quatre saisons, l'Automne, l'Hiver, le Printemps et l'Eté.

La renommée glorieuse de l'écrivain était dès lors établie en Pologne. Il comptait parmi les maîtres de l'heure avec Zeromski, Siroszewski, Weyssenhoff. La presse étrangère chantait ses louanges.

On le traduisait en Allemagne et en Angleterre. La Revue des Deux Mondes le comparait à Tourgueniev et le Journal des Débats à Zola.

En fait, il se rattache à l'école réaliste, mais beaucoup moins par esprit de doctrine que par disposition foncière de tempérament. Il personnifie le roman paysan comme Zeromski le roman social, Siroszewski le roman exotique et Weyssenhoff le roman mondain.

Reymont voit et fait voir avec intensité ; il sait animer les objets matériels d'une vie mystérieuse, presque humaine ; il réussit comme pas un à mouvoir de grandes masses, à montrer de grands ensembles, à faire bouillonner un océan de couleurs. Mais c'est d'une âme candide qu'il aborde la réalité et d'un esprit que n'obnubilent point les formules prétentieuses du roman expérimental. Si l'on vient, d'aventure, à penser qu'il y a un auteur derrière cette œuvre implacablement objective, si l'on cherche l'homme aux dons prestigieux d'imagier qui anime ces tableaux vivants, on éprouve l'impression immédiate d'un cœur humain, apte aux plus vives émotions et capable à force de justesse, de logique et de pénétration psychologique de faire saisir le mécanisme intime des âmes.

L'œuvre aujourd'hui considérable de Reymont, que vient de couronner le jury Nobel, est assez peu connue en France. On a traduit quelques pages des Paysans, et l'Apostolat du Knout. Reymont est le peintre ordinaire de la Terre polonaise. Il en a décrit les Travaux et les Jours ; il en a montré le peuple dans les labeurs de la paix et les affres de la guerre. Justice forme à ce point de vue comme une jonchée de bonnes feuilles qu'on croirait extraites de ce chef-d'œuvre admirable, Les Paysans. Le Condamné n° 437, que nous donnons aussi, est tiré d'un recueil édité peu après la guerre, et que l'auteur a intitulé : A l'Arrière, sans doute parce que ses héros ne se battent pas en soldats, mais les coins de la campagne polonaise qu'il nous montre n'en sont pas moins des champs de bataille. Les paysans qu'il met presque partout en scène luttent pour sauver leur terre qu'empoisonnent les obus, ou leurs biens que menace la rapacité de l'envahisseur.

De bons critiques diront quelle place exacte occupe dans la littérature universelle l'œuvre de ll'illustre écrivain. Pour nous, notre vœu sera exaucé, si cette traduction peut servir à le faire admirer et à aimer par un public toujours plus nombreux et mieux averti, au milieu des applaudissements qui lui viennent aujourd'hui de tous les coins du monde.

LES TRADUCTEURS.

JUSTICE

C'était une de ces nuits qui précèdent le printemps, nuit de mars pluvieuse et glacée.

Les bois engourdis se crispaient, transis jusqu'à la sève. Un frisson de fièvre et de peur les secouait par moment ; leurs branches lourdes de pluie s'écartaient, fouettaient en grondant les ténèbres, et comme affolées par la torture du froid, poussaient des hurlements sauvages de suppliciés. Par moment aussi une rafale de neige étouffait toutes ces voix sous son étreinte de glace, et les bois se taisaient et retombaient sans force. Seule, au travers des brumes insondables, au travers des troncs puissants, muets d'effroi, fusait une plainte timide, angoissée, ou le cri aigu d'un oiseau qui mourait et dont le corps tombait en faisant craquer les branches.

Puis le vent revenait, glissant à pas de loup dans les ombres, prenait un élan furibond, plongeait ses crocs humides dans les flancs des taillis, dévorait la neige, arrachait les branches, émiettait les broussailles, et, se roulant sur les clairières avec un rugissement de triomphe, secouait des forêts entières comme une poignée de roseaux. Alors, des profondeurs de la nuit, des solitudes effrayantes de l'espace, rampaient d'énormes brouillards sales, semblables à des meules échevelées de foin pourri, qui s'abattaient sur les arbres, s'accrochaient à leurs cîmes, les enlaçaient de lambeaux hideux, les étranglaient, puis se fondaient en une bruine glaciale, incessante, qui transperçait jusqu'aux pierres.

Nuit d'épouvante : les routes désertes, véritables marais de boue et de neige, les villages morts, les jardins nus, les rivières garrotées sous la glace — pas une âme, pas une voix, — rien que l'immense empire de la Nuit. Seule, à l'auberge de Prylenk, luisait une petite lumière.

Cette auberge s'élevait au milieu des bois, sur un carrefour. Par derrière, quelques vagues chaumières adossées à la colline, et, tout autour, la forêt sombre, gigantesque.

Jean Winkorek sortit avec précaution d'un fourré, s'avança sur la route, et apercevant la lumière, s'approcha d'une des fenêtres. Il y resta longtemps indécis, regardant à l'intérieur, écoutant, promenant autour de lui des yeux effrayés, ne sachant à quoi se résoudre. La peur le prit, il recula ; mais à peine avait-il fait quelques pas vers la forêt qu'une bourrasque souffla et le glaça jusqu'aux os ; il rebroussa chemin, grelottant, se signa et entra brusquement.

L'auberge était vaste ; le plafond noirci fléchissait vers la terre battue du sol, écrasant les murailles, dont la chaux s'effritait et que perçaient deux petites fenêtres à demi aveuglées de paille.

En face de ces fenêtres, derrière une grosse grille de bois, sur des tonneaux qui servaient de comptoir, fumait une lampe à pétrole. Devant le feu qui flambait dans l'antique cheminée, et dont les éclats dissipaient à peine l'ombre épaisse de la salle, un couple de mendiants était accroupi. Dans l'autre coin, une quinzaine de personnes, entassées pêle-mêle, indistinctes, chuchotaient mystérieusement. Près du comptoir se tenaient deux paysans, le verre à la main. Ils buvaient de grands coups en se dandinant d'un mouvement de rêve.

Une grosse fille rougeaude, appuyée aux futailles, ronflait derrière la grille. L'odeur de l'eau-de-vie, mélangée aux exhalaisons de la terre détrempée et des vêtements mouillés, flottait dans toute l'auberge.

Par instants un tel silence régnait qu'on n'entendait plus que le mugissement des bois, le crépitement de la pluie sur les vitres et le craquement des branches de pin dans la cheminée. Alors la porte basse cachée derrière la grille s'entr'ouvrait en grinçant, et la tête d'un vieux juif, blanche sous son voile de prière, apparaissait dans l'embrasure, se découpant sur le fond éclairé d'une chambre d'où s'échappaient, avec des relents de festin, les chants monotones du sabbat.

Jean but coup sur coup quelques verres de liqueur et se mit à ronger désespérément de petits pains secs et moisis qui crissaient sous ses dents comme du cuir.

Il ne quittait pas des yeux la porte ni les fenêtres et saisissait avidement les moindres murmures de l'auberge.

— Me marier ! Sang de chien ! non, je ne me marierai pas ! — cria tout à coup l'un des deux paysans, frappant son verre sur le comptoir et crachant presque jusque sur le mendiant assis devant la cheminée.

— Il faut te marier ou rendre l'argent.

— Bon Dieu ! Tant d'argent !... Allons, encore un quart, c'est moi qui paie.

— L'argent c'est beaucoup, la femme c'est
plus.

— Non, sang de chien ! je ne me marierai pas.
Je vendrai, j'emprunterai, je rendrai l'argent, mais
je me la prendrai pas, la charogne.

— Allons, Antek, un petit coup à ma santé. Je
vais te dire...

— Vous ne m'ensorcellerez pas. J'ai dit non,
c'est non. J'aimerais mieux me sauver au Brésil,
avec ceux-là, tiens, à l'autre bout du monde.

— Imbécile ! Allons, une petite goutte. Je vais
te dire, Antek...

Ils trinquèrent à plusieurs reprises, continuèrent à
causer tout bas, s'embrassèrent et se turent. A l'autre bout de la salle, un enfant s'était mis à pleurer,
et un mouvement s'était fait dans le groupe jusqu'alors silencieux. Un grand paysan maigre s'en
détacha et sortit de l'auberge.

Jean s'approcha du feu ; le froid l'avait pénétré
jusqu'aux os. Il piqua un hareng au bout d'une ba-
guette et se mit à le griller sur les charbons.

— Ecartez-vous un peu, — chuchota-t-il au
mendiant qui avait étendu ses pieds nus sur sa besace, et, tout aveugle qu'il était, faisait sécher avec
soin les bandes de toile qui lui servaient de chaus-
settes, tandis que sa vieille, près de lui, préparait le

manger et glissait du bois sous le trépied qui supportait la marmite.

Jean finit par trouver une place devant le feu. La vapeur sortait de sa capote comme d'un vase d'eau bouillante.

— Vous êtes joliment trempé, fit le mendiant en reniflant.

— Comme ça..., murmura Jean qui sursauta, car la porte avait grincé. Mais c'était le paysan maigre qui rentrait et qui se mit à parler à voix basse au groupe ramassé autour de lui.

— Vous savez qui sont ces gens ? demanda le jeune homme en touchant la main du mendiant.

— Ces gens là-bas ? Eh ! des idiots ! Ça va au Brésil !

Et il cracha.

Jean se taisait. Il regardait, tout en se séchant, ces inconnus qui, tourmentés comme d'une secrète inquiétude, quittaient tour à tour l'auberge pour revenir aussitôt, avec des éclats de voix et des silences subits.

Les chants dolents du sabbat arrivaient toujours de la chambre voisine. Un chien décharné sortit de quelque coin obscur, rampa vers le feu et se prit à aboyer. Un coup de bâton le fit hurler de douleur. Il se coucha au milieu de la salle, suivant d'un regard navré la fumée qui montait de la marmite.

Jean sentait la chaleur le pénétrer peu à peu, mais la faim le tenaillait toujours. Les pains et le hareng n'avaient fait que la réveiller. Il tâta ses poches, les retourna et, n'y trouvant pas un kopek, se pelotonna et resta sans pensée, les yeux sur la marmite.

— Vous voudriez manger, hein ? demanda la vieille, après un moment.

— Oui... j'ai le ventre un peu creux.

— Qui est celui-là ? dit l'aveugle.

— N'aie pas peur. Pas un de ceux dont tu tireras une bonne ou même une mauvaise pièce, grommela-t-elle méchamment.

— Un monsieur ?

— Oui, oui, un monsieur qui court le monde comme toi.

Et elle retira la marmite du feu.

— Mais il n'y a que les braves gens qui courent le monde ! C'est bon pour les porcs de rester sous le toit !... Hein ?

Et il poussa Jean du bout de son bâton.

— Oui, oui..., répondait le jeune homme distraitement.

— Vous avez quelque chose sur le cœur, je vois.

— Eh ! mon Dieu...

— Le bon Jésus disait toujours : Si tu as faim, mange, si tu as soif, bois, et si tu souffres... ne dis rien.

Jean leva sur l'aveugle ses yeux abattus, pleins de larmes.

— Allons, mangez un peu; c'est un plat de mendiant, mais ça vous profitera ; mangez, — dit la vieille en lui remplissant jusqu'au bord une écuelle ébréchée. Puis elle tira de la besace un morceau de pain qu'elle lui glissa en cachette. Mais quand il se fut approché et qu'elle vit de près son visage décharné, une telle pitié la prit qu'elle coupa une grosse tranche de saucisse et la mit sur son pain.

Jean ne se fit pas prier ; il se jeta sur l'écuelle et mangea avidement, lançant un morceau de temps à autre au chien qui s'était tapi près de lui et l'implorait du regard.

L'aveugle écouta longuement. Puis, quand la vieille lui eût mis son écuelle entre les mains, il leva sa cuiller en l'air et dit d'un ton solennel :

— Mangez, l'ami ! Le bon Jésus a dit : « Donne une pièce au pauvre, un autre t'en donnera dix... » Mangez, par Dieu !

Ils mangeaient en silence. De temps en temps le mendiant s'arrêtait et, s'essuyant la bouche du revers de sa manche, il disait :

— Il faut trois choses pour que le manger profite : de l'eau-de-vie, du sel et du pain. Donne de l'eau-de-vie, vieille !

Ils burent tous trois et continuèrent à manger.

Jean avait presque oublié le danger qui le menaçait. Il ne jetait plus de coups d'œil inquiets vers la porte. Rassasiant lentement cette faim de quatre jours qui lui dévorait les entrailles, il s'apaisait peu à peu dans la tiédeur calme de son refuge.

Les deux paysans avaient quitté le comptoir et les gens du coin, étendus sur les bancs ou par terre, somnolaient, la tête sur leurs bagages. Les chants, dans la pièce voisine, continuaient, voilés, lointains.

Et la pluie tombait toujours. De grosses gouttes perçaient le plafond, formant sur la terre battue des flaques rondes et luisantes. Parfois l'ouragan secouait l'auberge, tonnait dans la cheminée, éparpillait les braises et refoulait dans la salle des bouffées de fumée.

— Tiens ! toi aussi, vagabond, dit la vieille en donnant le reste au chien.

— Quand on se met quelque chose dans le ventre, on se croit tout de suite en paradis, fit le vieux en posant son écuelle vide.

— Dieu vous le rende, — dit Jean en lui serrant la main. Mais l'autre ne le lâcha pas : il le tâtait délicatement.

— Voilà bien quelques années que ces mains là n'ont rien fait... — grommela-t-il. Jean retira sa main, effrayé.

— Assieds-toi. N'aie pas peur. Le bon Jésus a

dit : Tous ceux-là sont justes qui craignent Dieu et viennent en aide aux pauvres abandonnés. N'aie pas peur, l'ami. Je ne suis pas un Judas, moi, ni un juif. Je suis un chrétien juste et un pauvre abandonné aussi.

Il réfléchit un moment et continua plus bas :

— Prends garde à trois choses : aime le bon Dieu, ne te laisse pas avoir faim et donne à plus pauvre que toi. Pour le reste !... Rien de rien. Des bêtises inventées par les hommes. Le sage doit savoir ça, s'il ne veut pas se tourmenter pour des niaiseries. Mais bah ! On sait ceci, cela, des tas de choses... Hein ? Qu'est-ce que vous dites, par là ?

Il prêta l'oreille et attendit. Jean ne soufflait mot, tremblant de se trahir. Le mendiant tira donc sa tabatière d'écorce, la tapota du doigt, prisa, éternua, en offrit au jeune homme, et penchant sur le feu son énorme face aveugle, continua d'une voix monotone :

— Il n'y pas de justice dans le monde, pas de justice. Des pharisiens partout, des canailles ; c'est à qui marchera sur l'autre, à qui trompera, à qui mordra. Ça n'est pas ça que le Seigneur Jésus voulait dans le monde, ça n'est pas ça ! Tiens ! Tu arrives dans un château, tu enlèves ton bonnet, tu chantes à te crever la gorge et Jésus, et Marie et tous les saints, tu attends... — rien ! tu ajoutes quelques oraisons pour la Transfiguration du Seigneur, tu attends... — voilà les chiens après tes besaces et les filles qui ricanent derrière les clôtures; tu ajoutes encore une litanie... — on t'apportera bien deux kopeks ou une croûte de pain moisi. Ah ! chiens ! que le tonnerre vous aveugle, et que vous en soyez réduits à demander des secours aux mendiants ! Deux kopeks pour des prières qui vous coûtent dix fois plus ensuite à vous rincer la gorge !

Il cracha de dépit.

— Et tu crois que ça va mieux pour les autres, peut-être ? — continua-t-il après une prise. Regarde Jean Kulik, celui de Denby. Il prend un petit cochon dans un château. Tu penses qu'il en profite ? Ah ! bast ! Maigre comme un chien de garde ! Toute la graisse aurait tenu dans une mesure d'eau-de-vie. Et pour ça on le prend et on vous le coffre pour six mois ! Et pourquoi ? Pour cette misère de cochon ! Comme si elle n'était pas aussi une créature de Dieu, cette bête ! Comme si les uns devaient crever de faim, quand les autres en ont jusque-là... Et pourtant Notre Seigneur a dit : « Ce que le pauvre te prend, c'est comme si tu me le donnais à moi-même... » Amen ! Tu bois un coup ? Hein ?

— Non, merci. Je me sens un peu mieux.

— Idiot ! Le bon Jésus aussi buvait aux fêtes ! Boire, ça n'est pas un péché. Un péché, c'est de se saouler comme un cochon, de ne pas finir son verre aussi... et de ne pas répondre quand les braves gens vous parlent.

— Buvez donc à ma santé — dit Jean, secouant résolument sa torpeur.

Le mendiant prit la bouteille, et après une longue rasade, la tendit au jeune homme en criant gaiement :

— Bois, orphelin, et fais bien attention à trois choses : travaille toute la semaine, prie le dimanche et donne aux pauvres, tu auras le salut de ton âme. Ami, je te le dis, si tu ne peux pas boire un petit verre... bois une chope.

Il se tut.

La vieille dormait, la tête renversée, près du feu qui baissait. Le mendiant écarquillait ses yeux couverts de taies au-dessus des charbons rouges et se balançait avec acharnement. Tout était muet dans l'auberge. Le vent faisait rage à la porte et le chant étouffé des psaumes éclatait après chaque rafale, comme enivré de détresse et de désespoir.

La chaleur de l'eau-de-vie avait accablé Jean. Un irrésistible besoin de sommeil le coucha, rivé à terre. Il se défendit encore par des mouvements de peur inconscients, puis sombra dans un engourdissement où il perdit tout souvenir. Une atmosphère délicieuse où flottaient des figures amies, des flamboiements de feu, des mots bienveillants, l'enveloppait, le pénétrait de bonheur et de sécurité. Parfois, sans savoir pourquoi, il s'éveillait en sursaut, parcourait l'auberge du regard et écoutait le mendiant qui marmottait en dormant :

— Pour toutes les âmes du Purgatoire... *Ave Maria*... Je vais te dire, ami, un bon mendiant doit avoir une peau de hérisson au bout de son bâton... pour les chiens... besace profonde, longue prière...

Puis l'aveugle se réveilla et, sentant sur lui les yeux de Jean, continua :

— Ecoute un vieux qui te parle. Je vais te dire... bois un coup et retiens bien. Je te le dis, l'ami, sois malin, mais ne le montre pas. Regarde tout, mais fais comme si tu ne voyais rien. Tu vis avec un fou, sois plus fou que lui ; avec un estropié, ne porte pas de béquilles ; avec un malade, meurs à sa place. Si on te donne un kopek, remercie comme pour un rouble; si on t'envoie les chiens dessus, offre-le au bon Jésus. Si on te roue de coups, récite une prière. Je te le dis, l'ami, fais ce que je te conseille et tu auras la besace pleine, le ventre bourré comme un tonneau de choucroute et tu mèneras le monde à la longe, comme un veau. Eh ! Eh ! Les hommes ne sont pas comme ça aujourd'hui, non ; on sait ceci, cela, et tant de choses ! Mais qui sait bien voir comment le monde est fait, celui-là se tirera d'affaire.

Au château, daube sur les paysans : tu es sûr d'une petite pièce et d'un bon petit reste. A la cure, daube sur les paysans et sur le château: tu en auras deux et l'absolution. Chez les paysans, daube sur tout : tu mangeras du millet au lard et tu boiras de l'eau-de-vie... Voilà ce que je te dis, l'ami... Pour l'âme de Julina : *Ave Maria...*

Et il se remit à prier d'une voix de rêve en se balançant sur son banc.

— Pleine de grâce... Venez en aide à un pauvre infirme, geignit la vieille en relevant la tête.

— Tais-toi, folle ! cria l'aveugle se réveillant en sursaut, car la porte d'entrée s'était ouverte avec bruit, et un grand juif roux se tenait sur le seuil.

— En route ! c'est l'heure ! dit-il d'une voix sourde.

Aussitôt les gens qui dormaient dans le coin furent sur pied. Ils se mirent à ramasser leurs paquets et à s'habiller en désordre. Des appels fiévreux, des plaintes, des tâtonnements, des jurons, des pleurs d'enfants, emplissaient l'auberge noire d'une rumeur sourde.

Adossé à la cheminée refroidie, Jean regardait curieusement, et cherchait à distinguer les formes vagues dans l'obscurité.

— Où vont ces gens ? demanda-t-il à l'aveugle.

— Au Brésil.

— C'est loin ?

— Oh ! oh ! A l'autre bout du monde, derrière la dixième mer !

— Mais pourquoi ? pourquoi ? ajouta Jean plus bas.

— Pourquoi ? D'abord parce qu'ils sont bêtes, ensuite parce qu'ils sont pauvres.

— Et ils savent la route ?

Mais le mendiant ne répondit rien. Il avait poussé sa femme du bout de son bâton, et s'était avancé au milieu de la salle, où il criait, à genoux, d'une voix pleurarde et chantante :

— Vous passez la mer, les montagnes, les bois, vous allez à l'autre bout du monde : que Dieu soit avec vous, pauvres abandonnés ! Que la Vierge de Czenstochowa vous ait en sa garde, que tous les saints vous bénissent pour l'aumône que vous allez faire au pauvre infirme. Pour la Transfiguration du Seigneur : Je vous salue, Marie...

— Pleine de grâce..., gémit la vieille en s'agenouillant à côté de lui.

Les émigrants aussi se mirent à genoux. Les têtes s'inclinaient, des larmes silencieuses coulaient de ces yeux éteints que ranimait le souffle ardent de la prière.

— Herszlik ! Herszlik ! crièrent-ils, appelant le juif qui était entré dans l'autre chambre.

Il leur tardait de partir pour ce monde inconnu si terrible et si tentant. Il leur tardait de se mesurer avec ce nouveau destin et de laisser l'autre loin derrière eux. Herszlik reparut, une lanterne à la main, compta les gens, les mit deux par deux, ouvrit la porte, — et ils sortirent, spectres de misère, cortège d'ombres en haillons écrasées sous le poids de ce lendemain vers lequel ils marchaient, fortifiés par l'espoir. Ils disparurent bientôt dans les ténèbres et dans la pluie.

Au milieu du fouillis obscur et mouvant de la forêt, la lanterne du guide jetait de brèves clartés, et sur les ailes de l'ouragan arrivaient, comme des sanglots, les couplets éplorés du cantique : « Celui qui se confie en l'aide de son Dieu... » Mais la bourrasque les dispersa et ils s'éteignirent comme des cris de mourants.

— Pauvres malheureux ! murmura Jean, le cœur serré.

L'auberge était muette et noire ; la servante avait éteint la lampe ; dans la chambre les psaumes s'étaient tus ; le mendiant et la vieille comptaient leur recette.

— Maigre paroisse ! deux roubles vingt-cinq pour tout potage. Hum ! Que Dieu leur pardonne et nous vienne en aide.

L'aveugle bavarda encore, mais Jean ne l'entendait plus. Pelotonné, près de la cheminée, dans sa capote raidie, il dormait d'un sommeil de plomb.

. . . .

Bien avant dans la nuit, il se sentit secoué violemment et une lumière lui frappa droit dans les yeux.

— Eh ! frère, debout ! Qui es-tu ? Ton passeport ?

Il revint à lui en un clin d'œil. Deux gendarmes le saisissaient.

— Ton passeport, répéta l'un.

Jean était debout. Pour toute réponse, il porta un coup de poing entre les yeux d'un gendarme qui tomba à la renverse, en laissant échapper sa lanterne, et, se précipitant vers la porte, il s'enfuit. L'autre gendarme le poursuivit et, ne pouvant l'atteindre, tira.

Jean poussa un cri, chancela, buta dans la boue; mais, se redressant aussitôt, il disparut dans les ombres du bois.

Il fuyait, affolé, se meurtrissant aux arbres, s'écorchant aux buissons, tombant, se relevant, harcelé d'épouvante, croyant sentir déjà sur ses épaules des mains qui l'agrippaient et sur sa nuque le souffle mou d'une respiration haletante ; il volait, brûlant ses dernières forces, tant qu'enfin, mort de fatigue, il s'abattit dans un fourré et y resta longtemps sans connaissance.

Une douleur terrible au côté l'éveilla tout d'un coup. Il se souleva, plongea dans les ténèbres des yeux de bête traquée : il ne vit rien, ne sachant où il était ni comment s'orienter. Autour de lui grondait la forêt sinistre, hérissée de broussailles. Il rampa jusqu'au pied d'un arbre et s'étendit par terre avec un cri d'enfant. Plié en deux, il gémissait entre ses dents serrées. La douleur le dévorait ; elle rayonnait de sa blessure dans chaque fibre, dans chaque nerf, elle le perçait d'aiguilles acérées. Il arracha une poignée de mousse pour arrêter le sang dont les ruisselets chauds lui engluaient les côtes et coulaient déjà dans ses bottes.

Une défaillance étrange, telle qu'il n'en avait jamais éprouvée, l'emportait par instants comme dans un puits sans fond ; une torpeur mortelle l'écrasait, pénétré, engourdi par cette brume glacée qui ne finissait pas.

Le vent mugissait de sourdes menaces.

La nuit roulait lentement... lentement...

Jean, élevé dans les bois, les connaissait bien et n'en avait pas peur jadis, mais maintenant, presque à l'agonie, sous ce silence implacable, au milieu de ces fantômes gigantesques, un tel effroi lui poignait le cœur qu'il se sentait mourir ; et il restait sans mouvement, n'osant remuer les paupières, n'osant même changer la direction de son regard ni souffler le nom sauveur de Jésus.

Il sentait autour de lui la terreur et le mystère. L'ombre affreuse montait comme un flot dans son âme, l'engloutissait... Et la forêt parlait toujours tout bas. Elle se plaignait, grondait, criait parfois, se penchait sur lui comme pour le mieux voir, se relevait menaçante, puis se penchait plus bas encore, si bas qu'il sentait sur le front son haleine glacée, tandis que les branches aiguës s'allongeaient dans la nuit, le cherchaient...

Alors, étranglé d'angoisse, il s'évanouit. Et, dans son cerveau enfiévré, passaient les images confuses de sa vie de prison...

Il se traînait le long d'un corridor et regardait par une vitre les files de têtes rasées, penchées sur les métiers qui bourdonnaient sans trêve.

— Jean ! Jean ! Il sursautait. Quelqu'un l'appelait tout bas, mais il ne savait qui. Des gardiens étaient debout à la porte. Personne n'avait remué. Il avait dû rêver sans doute.

On apercevait des crêtes d'arbres par la fenêtre, et de lointains contours de collines. Puis la cloche sonnait le déjeuner, elle sonnait le dîner, elle sonnait le coucher... Des cliquetis d'armes... Des visages de geôliers entre des baïonnettes luisantes... Un ordre, qu'il ne comprenait pas... La nuit.

Ah ! ces nuits, dans l'immense salle de l'ancien réfectoire, ces nuits pendant lesquelles le chagrin venait à son chevet sucer ses larmes et son sang ! Ces nuits de gelée, blanches de lune, pendant lesquelles, ne pouvant dormir, il priait ces figures de saints qui restaient encore sur les voûtes.

Puis ses souvenirs se brouillèrent : il s'enfuyait de prison, errait quatre jours et quatre nuits dans les bois... l'auberge, le mendiant, les émigrants... les gendarmes, le coup de fusil...

Jean revint à lui. Il ne souffrait plus de sa blessure, mais le froid le torturait atrocement; il se blottit contre l'arbre, roulé comme un ver, attendant ce jour qui ne venait pas, et la détresse acharnée lui fouillait les entrailles de sa tête épineuse, le rongeait sans miséricorde.

Il fuyait vers sa maison, vers son village, vers la liberté.

Tout cela était là, tout près, derrière ces bois qui l'égaraient méchamment, lui fermaient la route. Sa chaumière, sa mère, son champ l'attendaient.

— Là, là, tout près ! criait en lui un désir si impérieux qu'il se souleva pour y aller. Il se rassit. Quel chemin prendre ? Une heure de patience, et il partirait.

La pensée ne lui vint même pas qu'on pourrait l'arrêter. Il savait seulement que dans ce village était son bonheur : il y retournait. Dès qu'il l'aurait atteint, toutes ses souffrances seraient pour jamais finies. Il ne voyait pas dans sa condamnation le juste châtiment de la loi, mais la basse vengeance d'une brute d'intendant contre lequel il avait défendu sa fiancée à coups de fourche.

— Je te retrouverai, vermine, n'aie pas peur !

Et mille projets de vengeance lui passaient par la tête, mais se noyaient bientôt dans la somnolence qui le gagnait malgré lui et qui finit par le dompter. Enfoui dans les rejets touffus des racines, il ressemblait à un cadavre abandonné sous **la pluie.**

La forêt, avant l'aurore, s'était tue. Elle se

penchait sur lui maintenant, bienveillante, apaisée. L'ombre pâlissait lentement; des teintes grises se glissaient dans les brumes; et, comme la forêt s'endormait, les oiseaux et les bêtes s'éveillèrent.

Une volée de corneilles s'éleva sans bruit d'un sapin, fit de grands cercles dans l'air et s'élança pour chercher pâture vers les habitations.

L'orient blanchissait sous la poussée du jour; sur ce fond trouble et spectral les crêtes des arbres se dessinaient comme des profils de montagnes; les sous-bois étaient encore obscurs.

Le vent ne soufflait plus. Les rameaux alourdis des arbres pendaient inertes, assoupis, traversés, par intervalles, d'un frisson rapide. Les taillis maigres et souffreteux de noisetiers et de charmes tremblaient imperceptiblement. Sur la cuirasse verte des genêts la pluie glissait impuissante. Mais les longues tiges des framboisiers sauvages s'enchevêtraient, éperdues, s'accrochant aux arbres, courant sur les pierres, enlaçant les fourmilières comme dans une fuite désespérée, car la pluie avait percé leur abri et coulait en grosses gouttes le long de leur corps tendre, jusqu'aux racines, jusqu'au cœur. Les aiguilles des pins s'agitaient nerveusement; les sapins demeuraient immobiles sous le large éventail de leurs branches.

Une lumière verdâtre flottait déjà sur les clairières. Les troncs des arbres surgissaient de l'ombre comme une enfilade de colonnes et, à travers les rameaux, comme à travers des ogives tendues de toiles d'araignées, les lueurs roses du jour pointaient ; elles scintillaient dans les perles de la pluie, glissaient à terre sur les mousses rouillées et mettaient un halo pâle autour du visage de Jean.

Une troupe de cerfs déboucha d'un fourré ; prudemment, le cou tendu, ils flairèrent le dormeur, et au premier mouvement de ses lèvres, bondirent de côté, leurs bois rejetés sur le dos, et disparurent.

Partout la vie reprenait. Les pies, sur les mélèzes, babillaient à cœur joie ; les lièvres sortaient des broussailles, se frottant les yeux de leurs pattes et détalant à la première alarme ; un renard passait furtivement, la queue basse, guignant d'en bas les choucas tapageurs ; l'écureuil dansait, effréné, partout et nulle part à la fois, comme une pelote de poil roux qui scintillait au soleil ; les chevreuils s'en allaient boire, effleurant à peine les couches de feuilles mortes, et ne laissant derrière eux que le frémissement des buissons mouillés.

Il faisait grand jour, lorsque Jean s'éveilla. Il essaya de se relever, mais un point à la poitrine lui coupait la respiration ; il retomba, brisé, ne pouvant même pas ramper sur ses mains.

De grosses larmes roulaient sur son visage dévasté. Il frissonnait à la pensée terrible de son impuissance et de son abandon.

— Je vais mourir ici, je vais mourir... Et une telle peur de la mort le prit, un tel désir des hommes, des siens, de la vie, qu'il ramassa ses forces et se mit en route.

Il s'orienta bien vite. Défaillant de souffrance et de faiblesse, obligé de s'accrocher aux arbres, de s'arrêter presque à chaque pas, il marchait quand même.

L'énergie du désespoir le soutenait, le souffle lui revenait peu à peu; il priait.

Avant midi, il avait atteint la lisière. Une campagne immense, cerclée de collines boisées, s'étendait devant lui.

— Prylenk! Jésus! Prylenk! mon village! cria-t-il, transporté de joie, et, tapi sous un hêtre, il regardait sans se lasser, tremblant, tendant les bras vers la longue file de peupliers au milieu de laquelle émergeaient les chaumes des toits et les cheminées. Les yeux enflammés comme le ciel du matin, il contemplait les champs déserts que la neige sillonnait de blanc; les fossés pleins d'eau luisaient comme des lames d'acier. Les vieux poiriers, le long des sentiers, ressemblaient de loin à des oiseaux fatigués. Sur la hauteur qui dominait le village scintillait la croix de l'église ; tout auprès, le monastère en ruine ; puis le château, puis le parc descendant jusqu'à la rivière ; et les fenêtres du château et les bassins du parc, et le ruban de la rivière, tout brillait, tout était si beau !

— O Jésus ! Je ferai dire une messe. J'irai à Czenstochowa. O Marie, mère chérie ! balbutiait Jean, pénétré d'un indicible attendrissement.

La prison, la faim, la douleur de sa blessure, tout s'était évanoui de sa pensée. Son âme débordait de bonheur. Les mauvais sentiments avaient fait place à une ardente reconnaissance.

Il n'osait pas cependant traverser de jour le village, ni même faire le tour derrière le monastère. Il rentra donc dans le bois pour attendre le soir. Sur une vaste clairière s'élevaient des meules de paille. Il s'y blottit.

Au coucher du soleil le temps était remis. Des brouillards montaient des prairies ; le ciel s'empourprait à l'Est ; la boue durcie pliait sous les pas comme du cuir. La senteur des feuilles mortes émanait de la forêt.

Jean se dirigea vers le village en prenant de biais à travers champs. Il s'arrêtait souvent, se reposait, examinait chaque pièce de terre.

— Le champ de Wotje , murmura-t-il en se baissant.

Le soleil avait disparu, mais les flaques d'eau

gardaient ses reflets mats. Les chaumes détrempés, déchiquetés, ressemblaient à des haillons épars, les luzernes à des mouchoirs verts, pourris, étendus entre les labours.

Jean saluait tout cela avec des transports d'allégresse. Il était comme cette triste campagne, épuisé, déguenillé, flagellé par l'hiver, et cent fois plus misérable qu'elle. Il la regardait avec un amour, une compassion infinie.

— La terre de Michel. Du froment, dit-il étonné, en reconnaissant le chaume.

La nuit était venue. Le ciel s'était couvert d'une rosée d'étoiles. Il gelait. La lisière noire des bois semblait se rapprocher.

Le village n'était plus qu'à quelques centaines de mètres. Il entendait déjà meugler les veaux et grincer les portes des étables. Il sentait déjà les fumées.

Çà et là, par les maisons, une fenêtre s'éclairait. Une chanson résonnait, assourdie aussitôt par le roulement d'un char. Dans une cour les oies criaient. Quelqu'un appela de toutes ses forces : — Pierre ! Pierre !

Cette voix, la première qui vibrait à ses oreilles, le frappa comme d'un coup de massue.

Il suivait, le long du village, les petits chemins

qui courent derrière les granges. Sa mère habitait à l'autre bout, sur la rivière.

— Tiens, ils ont refait le toit, dit-il en apercevant une maison.

— Wawron a brûlé ! et il regarda un instant des cheminées noircies qui pointaient au-dessus des arbres d'un jardin.

— Oh ! l'adjoint s'est fait bâtir une nouvelle maison... avec l'argent des autres ! Et il continuait sa route.

Il marchait plus lentement à mesure qu'il approchait. Sa blessure s'était rouverte. Le bruit du village l'inquiétait, la joie lui rompait les jambes.

Il aurait voulu se jeter sur la terre et la baiser, s'agenouiller devant chaque chaumière, devant chaque arbre, devant chaque coin qui l'avait vu tout petit. Son énergie l'abandonnait, il se traînait, expirant, recueillant son reste de vie pour atteindre au moins sa maison, sa porte, et y mourir.

Il s'y trouva sans savoir comment. Il était devant chez sa mère. La force lui manqua pour ouvrir. Il tomba sanglotant sur le seuil.

Quand l'aurore luit sur le monde,
L'air, le feu, la mer profonde,
La terre, tout élément
Chante ta gloire, ô Dieu clément.

Jean tourna la tête sur son oreiller. La voix chantait tout près. Il entr'ouvrit les yeux et ne vit rien. A travers la petite vitre, enchâssée dans la muraille, l'aube glissait une faible lueur. Il retomba dans son assoupissement.

Le chant reprit.

— Maman ! murmura-t-il, et il resta immobile, l'oreille tendue, accompagnant du mouvement de ses lèvres ce refrain naïf qu'il connaissait depuis si longtemps ; il n'entendit même pas le bruit de la porte qui s'ouvrait. Un souffle l'effleura.

— Tu es mieux, mon enfant, dis ?

— Maman ! maman ! et il saisit la main qui passait sur son visage inondé de larmes. La vieille femme caressait avec amour ses cheveux et ses joues en sueur.

— Reste tranquille, mon Jean, mon pauvre chéri, reste...

L'émotion lui coupa la voix. Elle recouvrit avec soin le jeune homme qui ne bougeait plus et revint dans la grande pièce. Elle regarda par la fenêtre, sortit sur la route encore sombre, et rentra s'asseoir devant la cheminée qu'elle bourra de branches sèches. Le feu jetait un flamboiement doré sur les murs blanchis où pendaient des images et sur le squelette noir du métier à tisser qui se dressait, près de la fenêtre, au levant, avec ses fils tendus comme une énorme toile d'araignée.

Tekla, la locataire de la Winkorkowa, accroupie non loin du foyer, épluchait des légumes et marmottait entre ses dents des prières. Près d'elle, un gros chien tacheté sommnolait en grognant contre un petit cochon gras qui furetait dans tous les coins, fourrait son groin court au fond des pots rangés à terre, enlevait les légumes du panier, et s'enfuyait en geignant au premier mouvement du chien.

— Eh ! là ! sales bêtes ! criait Tekla de temps à autre.

Puis le silence retombait. Le feu craquait gaiement, l'eau chantonnait dans la marmite.

— Les coqs chantent : il y aura du changement pour sûr, dit Tekla.

L'un après l'autre, en effet, les coqs du village

s'étaient mis à chanter. La Winkorkowa ne répondit rien. Elle allait jeter un coup d'œil sur son
enfant, quand des pas résonnèrent au dehors ; elle
se rassit.

La porte s'ouvrit brusquement et, dans un nuage
de buée, entra une jeune fille au teint brun, la tête
couverte d'un foulard. Elle salua en bénissant Dieu.
Et tout en se chauffant les mains :

— Mère Winkorkowa, dit-elle très vite, prêtez-
nous une miche de pain. Nous cuisons demain, je
vous la rendrai. Les garçons vont porter du bois à
la scierie. Nous n'avons plus une miette.

— Qui ça, les garçons ? demanda Tekla.

— Qui ? Mais Walek et Michel.

— Et le père reste ?

— Eh ! il voudrait bien ! Il dit qu'il doit aller
à la mairie. Des histoires tout ça pour rester sur la
plume...

Elle s'assit, rejeta son foulard en arrière, et,
comme un claquet de moulin, commença:

— Vous savez ?

— Quoi donc ?

— La Martine s'est battue avec la Grelowa.

— Doux Jésus ! Elles se sont battues ! La Martine et la Grelowa ! cria Tekla.

— Oui, oui. Tout de suite après manger. La
Grelowa disait que la Martine lui tirait ses va-

ches. La Martine disait: C'est toi, voleuse, qui tire les miennes! Alors la Grelowa lui envoie sa quenouille par la tête, la Martine lui lance des coups de bâton, la Grelowa l'attrape par les cheveux. Elles se battaient comme ça n'est pas permis à des créatures de Dieu. Il a fallu qu'on les sépare... Elles iront devant le juge, et elles ont dit qu'elles me prendraient comme témoin.

— Tâche de bien dire la vérité devant le juge, fit la vieille.

— Eh! eh! qui a tort a tort. La Martine porte au front une bosse grosse comme un pain. La Grelowa a la bouche en sang et les yeux pochés. Je dirai la vérité.

— Sa quenouille! un bâton!... Dis, dis, petite, comment c'était? demandait encore Tekla, insatiable.

— Voyez donc votre marmot qui pleure, dit la jeune fille en prenant la miche et en se levant pour partir.

— Ça lui fera du bien, qu'il braille tout son saoul!

Les vagissements de l'enfant, venant d'une chambre attenante, remplissaient la chaumière. Tekla n'y prenait pas garde. Elle épluchait furieusement ses pommes de terre et criait, en redressant à chaque instant son long corps maigre:

— Ça n'a pas de pain, ces saletés ! Pauvres gens ! Ça emprunte ! Avares de propriétaires, va ! Et quand un malheureux est dans le besoin, il peut mourir sous la haie, on ne lui donnera pas une goutte d'eau. Tas de chiens ! Ça crève de manger et ça se bat ! Le bon Dieu vous attend, n'ayez pas peur !

— Vous dites des âneries, Tekla, fit doucement la Winkorkowa.

— Bien sûr, des âneries ! Et pourquoi est-ce que le mien ne dormirait pas aussi dans son lit ? Pourquoi n'irait-il pas aussi mener du bois et gagner sa pièce ? Tous les autres sont chez eux, et le mien, où est-il ?

— Il y serait comme tout le monde, mais pourquoi a-t-il vendu deux chevaux du château à des voleurs ?

— Vendu ! Pour sûr, il les a vendus. Est-ce que je ne l'ai pas assez disputé ? Mais qu'est-ce qu'il pouvait faire, le pauvre ? Il était fils de propriétaire, il aurait dû avoir sa terre à lui, et il était obligé de servir ! Qui est-ce qui l'a poussé au mal ? Ses frères, qui voulaient s'en débarrasser pour gagner le procès... Et maintenant les voilà tous à aboyer : Tomek, voleur, voleur ! Ah ! chiens ! — et ses cs dire rage s'étranglèrent dans ses larmes.

Elles se turent. L'enfant vagissait toujours. Derrière les vitres quelques chariots se profilèrent et des voix retentirent dans l'air froid.

— On parle de deux voleuses qu'on aurait vues de l'autre côté de l'eau. Que le bon Dieu leur pardonne, les malheureuses ! soupira la Winkorkowa.

Tekla passa dans sa chambre, et revint avec le nourrisson pendu à sa mamelle flasque.

— Il n'y a pas la moitié de la justice, dit-elle ; votre Jean n'avait pourtant pas volé.

— Et ils l'ont mis en prison pour trois ans, continua la mère, tout bas.

— Parce qu'il n'y a pas de justice dans le monde, il n'y en a jamais eu, et il n'y en aura jamais.

— Le bon Dieu viendra, oui, il viendra et fera justice à chacun.

— Oui, oui, « attends l'été grand'mère, une fois que les loups ont mangé la jument... »

— Ne parlez pas comme ça, Tekla, c'est un péché. La justice de Dieu n'est pas celle des hommes.

Elles s'assirent en silence pour déjeuner. Le feu s'était éteint. Un jour rose entrait par les vitres. La Winkorkowa se mit au travail.

Lentement, automatiquement, elle tissait sur son métier une pièce de coton bariolée. Le soleil, montant à l'horizon, dardait droit sur sa figure maigre, ravagée par les souffrances. Des mèches de cheveux gris s'échappaient du foulard qui encadrait son front ridé. Elle penchait la tête, clignant les yeux, ramenant incessamment la chaîne à travers laquelle serpentait sa navette. Et au claquement monotone du métier, son âme endolorie revivait les vieux jours, jours de larmes comme celui-là. — Trente ans ! Il y avait trente ans que son homme était parti dans les bois, avec le plus jeune fils des châtelains d'alors... Il était bon tireur, comme Jean... Elle frissonna, croyant entendre encore la fusillade de l'insurrection. Elle appuya la tête contre le montant du métier et laissa courir sur la campagne ses yeux vides de pensée. Les flaques gelées scintillaient, les blés verts floconnaient dans les sillons. — C'était par un matin pareil qu'on l'avait rapporté, sanglant. Elle l'avait caché dans la même chambre, l'avait défendu lui aussi contre la mort. Et pourquoi, Seigneur ? Ils l'avaient exilé, loin, loin. Elle ne l'avait plus revu. Dormait-il seulement en terre bénie, maintenant ?

Elle joignit les mains, suppliante, pleurant à la fois les malheurs du passé et du présent, mêlant dans une même prière son amour de femme et de mère. L'enfant au moins était là. Elle courut le revoir.

Sur le pauvre lit garni de tout ce qu'il y avait de

mieux dans la chaumière, Jean était étendu, mourant.

La fatigue, la blessure, le froid l'avaient tué. Il respirait à peine. Elle espérait cependant: elle le soignait et, puisqu'il fallait le cacher, ses forces doubleraient. Elle lutterait avec la maladie, avec la curiosité féroce du village, avec toutes les menaces suspendues sur eux deux. On lui avait pris son mari, mais elle ne donnerait pas celui-là, quand il lui faudrait le payer de sa vie.

— Jean, mon petit! murmurait-elle, penchée sur lui.

Il ouvrit des yeux hagards, un sourire passa sur sa bouche en fièvre et il retomba dans sa torpeur.

Elle arrangea les oreillers, souleva sa tête affalée, mit un voile devant la vitre et revint à son travail.

Mais tout se gâtait sous ses doigts. La trame se brisait à chaque instant. Il lui manqua de la laine qu'elle chercha sans la trouver. Elle se mit à son ménage.

Elle ne possédait pas grand'chose: quelques arpents de terre, une grange, une étable en planches, deux vaches, une truie qui portait, un peu de volaille. Mais partout régnait un ordre exemplaire, fruit d'un travail et de soins incessants.

Elle allait donner à manger à ses oies, quand des pas résonnèrent sur le pont. Elle leva les yeux et aperçut, à travers les arbres dénudés, une femme qui s'approchait rapidement.

— Eh ! la Winkorkowa ! cria la nouvelle venue par-dessus la haie, courez vite chez les Sulek. Magda va faire son petit. Elle crie depuis le matin. Ils ne s'en tiréront pas sans vous. — Et elle s'éloigna précipitamment.

Et la vieille, qui était un peu sage-femme, un peu médecin, un peu tout, rentra sans hésiter, jeta un coup d'œil sur Jean, posa près du lit un pot de boisson, s'ajusta et courut au village. Elle n'abandonnait pas son fils volontiers, mais qui donc aiderait cette femme ? Les médecins ? Ah ! bah ! Vends ta vache, mon ami, et ça ne suffira pas; et puis, qui sait ? Peut-être apprendrait-elle quelque chose, peut-être saurait-elle si on parlait de Jean.

Elle hâtait le pas entre les clôtures de pierres, que recouvraient des troènes dont les longues branches pendaient comme des fouets et s'écrasaient dans la boue du sentier. Le village s'étendait des deux côtés de la route sous une file de peupliers. Les maisons basses, aux toits de chaume verdis, donnaient presque toutes sur des cours, à l'entrée desquelles un auvent abritait de saintes images. Sur la route raboteuse et dure, la neige formait des tas grisâtres où picoraient les poules. La rumeur d'une belle journée bourdonnait dans l'air vif. Des roulements de chariots, des tintements d'outils, des bruits haletants de batteuse. Au soleil, devant les portes, des groupes de femmes bavardaient.

La Winkorkowa marchait vite. On la saluait partout cordialement, mais avec une certaine réserve, car on la craignait un peu. On savait qu'elle « s'y connaissait ». Dès qu'une femme était en couches, dès qu'un gamin prenait la teigne, dès que le bétail tombait malade, dès que vous étiez mordu par un chien enragé, c'était à elle qu'il fallait s'adresser.

On se disait tout bas qu'elle avait le mauvais œil : — ainsi le fils aux Jendrek, elle n'avait eu qu'à le regarder, pour ses poires qu'il lui avait volées, et pendant tout l'hiver le feu lui avait rongé les os; et puis elle savait faire tarir le lait; et puis... oh ! assez ! assez ! — Mais comme elle était bien avec M. le curé, comme elle lavait le linge d'église, qu'elle appartenait à la confrérie, que personne mieux qu'elle ne savait chanter aux commémorations ou pour le pain des morts, nul n'osait lui dire de mots désagréables. Après tout, c'était une brave femme, tranquille, travailleuse. Dès le matin on la voyait prier, et quant à son champ, le plus habile fermier n'en aurait rien fait de mieux.

— C'est une maligne ! disaient les vieux.

— Et pas causeuse ! Elle vous regarde comme une dame ne ferait pas.

— C'est à la cure qu'elle prend ces airs-là, elle y est toute la journée.

— Oui, oui, une maligne, une dame: en attendant, son garçon est sous clef.

— Si tu avais seulement montré ta fourche à l'intendant, toi, tu y serais pour plus longtemps.

Elle savait ce que les gens disaient et souriait avec compassion.

— Chacun a sa tête pour comprendre à sa façon, répondait-elle à Tekla qui lui faisait ces racontars. Elle s'en souciait peu d'habitude, mais à présent tandis qu'elle traversait le village au milieu des chuchotements, elle essayait de saisir le moindre mot qui lui semblait toujours se rapporter à Jean.

Elle n'avait rien appris de nouveau cependant, quand elle entra chez les Sulek.

La chambre était pleine de commères. Près de la fenêtre, le mari, jeune et solide gaillard, taillait un manche de fléau. Mais l'outil lui échappait des mains, car, de la pièce voisine, sortaient des cris affreux de femme en couches. Il voulait entrer à toute force. La Winkorkowa le mit à la porte. Comme c'était un garçon sensible, il ne pouvait tenir en place et s'essuyait à chaque instant les yeux des basques de sa capote. Les vieilles, assises autour de la cheminée où se préparait le gruau, se moquaient de son inquiétude.

— Aie pas peur, Tomek, ça ne sera rien. La première fois, c'est comme quand on casse un pot. Ensuite on s'y fait.

— Ah ! moi, j'en ai eu dix, comme si j'avais cassé des noix !

— Tomek ! il fallait la remplacer, puisque tu es si douillet. Si tu n'avais pas commencé, il n'y aurait pas tant de bruit à présent.

— Eh ! laissez-le donc ! La pitié des hommes, c'est comme des larmes de chien.

— Taisez-vous, là-bas. L'autre se tue à crier et vous êtes là à jacasser.

— Allons, allons, c'est comme si tu n'avais pas de femme maintenant. Une autre te consolera sans doute.

— Ah ! le brigand !

Elles se turent. Dans la chambre, à côté, les cris avaient cessé soudain. Tomek s'y précipitait, quand la porte s'ouvrit toute grande, et la Winkorkowa parut, tenant quelque chose dans des linges.

— Remercie Dieu, Tomek, tu as un garçon.

Et Tomek, fou de joie, prit l'enfant dans les bras et courut le regarder à la fenêtre.

— Oh ! bon Dieu ! Quel petit criard ! Ça ressemble à un petit chat ! et il ne se rassasiait pas de contempler cet homme gros comme le poing, qui pépiait comme un oiseau sorti de l'œuf.

— Buvons tout de suite ! cria-il tout d'un coup, en rendant l'enfant à la Winkorkowa.

— Attendez, dit la vieille, l'enfant est la première personne ici, il faut lui rendre honneur ! Et prenant un verre d'eau-de-vie, elle en versa quelques gouttes en trois endroits de la chambre, en prononçant avec solennité:

— Pour Dieu, pour toi, pour tes parents !

Puis elle approcha le verre des lèvres crispées du nouveau-né, mais il s'étrangla et se mit à crier. Elle le rapporta à sa mère, avec le reste de l'eau-de-vie.

Et Tomek volait à travers la maison, embrassait sa femme, regardait le bébé, puis revenait boire près des commères. On apporta un baril d'hydromel, et comme c'était carême, on mangea du pain et du fromage. Pour la malade, M. le curé ayant donné dispense, on fit cuire une poule.

De nouveaux hôtes arrivaient ; on ne s'entendait plus dans la chaumière, si bien que la Winkorkowa dut imposer un peu de silence, car l'accouchée s'était assoupie.

Tout le monde fraternisait dans une bonne gaieté, lorsque l'adjoint entra.

— Alors, c'est comme ça, gredin, que tu baptises ton mioche sans fonctionnaire ! cria-t-il sur le seuil.

— Buvez vite un coup, vous nous rattraperez.

— Oh ! oh ! l'adjoint est strict en tout, il vous dépassera le verre en main.

Puis, regardant l'une des femmes.

— Tiens ! on disait que l'homme de la Makowa lui avait cassé toutes les dents, et il lui en reste une !

— Laissez-moi tranquille, vous ! A-t-on jamais vu ! cria la femme, outrée.

— On vous laisse bien tranquille, la belle ! Il faudrait un bon bâton pour vous remuer.

La Makowa avait déjà la tête un peu échauffée : la voilà sur lui, les poings levés.

— Vous le voyez ! Ça se moque d'une mère de famille ! Valet de juif, va ! Coureur de grands chemins !

— Je suis fonctionnaire ! Prenez garde, la femme ! dit l'adjoint, en se redressant avec importance.

Mais la Makowa ne s'en laissait pas imposer ; elle dit, en très vilains mots, ce qu'elle faisait de ces fonctionnaires-là ! Puis, elle porta une santé à la Winkorkowa, prit un morceau de fromage pour ses petites filles et s'en alla.

L'adjoint cracha derrière elle et se mit à boire avec ardeur.

— Tu as un garçon, Tomek, c'est bien. Mais je suis fonctionnaire, je dois le savoir; sans moi, c'est comme si tu n'avais rien du tout.

— Mais puisqu'il l'a déjà..., fit observer une des femmes.

— Vous êtes vieille, la Marcinowa, et le bon Dieu n'a pas encore réussi à vous donner du jugement. Il a un garçon, vous dites ? Où ça ? Dans le berceau, c'est comme s'il n'y avait rien du tout. Le marmot n'existe pas, il n'a pas de nom, il est... et voilà tout. C'est un fonctionnaire qui vous le dit, remarquez bien... Je vais vous expliquer... A qui est ce petit chêne, dans le bois ?... De qui est-il né ? Où est-il inscrit ? Sous quel numéro ? Dans quel registre ? Où demeure-t-il ? Quand doit-il être appelé à l'armée ? De quelle religion est-il ? Chrétien ?...

— Mais vous perdez la tête, adjoint. Tout ça n'a rien à voir avec cet enfant.

— Comment, rien ? Le garçon des Sulek est maintenant comme ce chêne qui me passe par la tête et qui n'existe pas. Mais quand le fonctionnaire l'aura inscrit, quand il sera dans le registre avec son signalement, quand on aura dressé l'acte, qu'on l'aura envoyé à l'Administration, alors le garçon existera vraiment... C'est un fonctionnaire qui vous le dit... Comprenez-vous bien ?

Il pérora longtemps encore, mais on ne l'écoutait plus. La conversation était tombée sur les émigrants au Brésil.

— On dit qu'au printemps tous les villages vont partir.

— Hier, Adam s'est embarqué.

— Et trois propriétaires de Wola ont vendu pour s'en aller.

— Et qu'est-ce qui les attend ? Crever de faim, voilà !

— Pas du tout. On donne là-bas du terrain tant qu'on en veut et de l'argent pour exploiter.

— Oh ! ça n'est pas ce que le curé disait en chaire !

— Le curé dit ce qui lui plaît, et quand un fonctionnaire vous parle, croyez-le, dit l'adjoint avec hauteur. Il s'assit sur un coffre, déboutonna sa peau de mouton, car la boisson l'avait échauffé, et continua ses billevesées sur le Brésil, dont il faisait un tel tableau que les yeux leur en sortaient de la tête.

— Judas ! Il veut les faire vendre, grommela la Winkorkowa. Mais personne ne l'entendit, et comme il lui tardait de voir son fils, elle s'échappa à la dérobée.

La nuit tombait déjà.

— Dieu soit béni, dit une voix près d'elle.

— Ah ! Nasta, ma petite Nasta ! Dans tous les siècles ! répondit-elle avec embarras. Elles marchaient côte à côte, sans dire mot.

— Qu'est-ce qu'il y a de nouveau chez vous ? demanda soudain la vieille.

— Pas grand'chose.

Elles se turent.

— Voilà le printemps, reprit enfin Nasta. Il y a déjà des cigognes sur les prés, derrière le couvent.

— Oui. J'en ai vu. C'est bien tôt pourtant.

La Winkorkowa ne lui en voulait pas, mais c'était à cause d'elle tout de même que Jean avait frappé l'intendant. Ce n'était pas la rancune, mais son grand chagrin qui lui fermait la bouche. Nasta le sentait bien. Elle marchait, la tête basse, jetant des œillades en dessous sur le visage soucieux de la vieille. Elle s'était tout exprès échappée du château et l'attendait devant chez les Sulek. De mauvais rêves la tourmentaient, il lui tardait d'apprendre des nouvelles de Jean. Et maintenant elle n'osait en parler, quelque chose lui serrait la gorge.

— Les maîtres sont revenus ? demanda la vieille.

— Hier, mais ils repartent bientôt pour l'étranger.

— Ça n'a que les voyages en tête, les amusements !

— Est-ce qu'ils n'ont pas de quoi ?

— Si, si.

Nasta prit son courage à deux mains et, d'une voix tremblante de larmes:

— Vous ne savez rien ?

— Qu'est-ce que tu veux que je sache ? cria brusquement la vieille, dans un soubresaut de frayeur.

— Parce que, voyez-vous, voilà trois nuits que je ne dors pas... de peur de...

— Ne t'inquiète pas de lui ! C'est ta faute, s'il en est là, c'est ta faute ! Puis, entendant un sanglot étouffé dans la nuit : Allons, allons, ne pleure pas. Je ne dis pas cela pour te faire de la peine. Tu n'y pouvais rien. Ne pleure pas... Et puis, viens me voir un de ces jours, ajouta-t-elle sur le seuil de sa porte.

Nasta regarda la chaumière et monta en s'essuyant les yeux le sentier qui menait au château. La vieille se sentait émue.

Tekla était dans sa chambre, à bercer son enfant; sa voix monotone arrivait par la cloison. Jean dormait encore. Il ne sentit pas que sa mère étendait sur lui une peau de mouton, car il faisait froid.

Quelqu'un appela dans la grande pièce. La Winkorkowa s'y précipita, terrifiée.

— C'est moi, Nasta, qui venais vous dire que

Madame compte sur vous demain. On fera les appartements.

— Bon, bon, j'irai, fit la vieille en lançant un regard si sévère que, malgré tout son désir de rester, la jeune fille salua et s'enfuit.

Jean s'était réveillé.

— Qui est là, mère ?

— Eh !... personne. La fille à la Marcinowa.

— Non, non, c'est Nasta, Nasta ! dit-il très bas.

— Tu rêves ! Que veux-tu que Nasta fasse ici ?

— Vous me trompez. J'ai reconnu sa voix.

— Allons, bois une gorgée, ça vaudra mieux.

Il but et se sentit soulagé. La mère changea son pansement et lui frictionna le côté avec un onguent. Il essaya de parler.

— Tais-toi ! tais-toi ! On entendrait.

— C'est vrai qu'elle est avec lui ?

— Qui ça ? Qu'est-ce qui te passe par la tête ?

— Nasta, avec l'intendant. Quelqu'un me l'a dit en prison.

— Eh ! les gens sont toujours à inventer !

— Je ne l'en empêcherai pas, non ; je ne dirai rien à cette chienne non plus, balbutia-t-il avec effort, et, dans ses yeux, un éclair de haine passa.

— Reste tranquille, reste, guéris-toi, mon enfant, mon amour. Quand tu iras mieux, tu verras ce que tu auras à faire. Ne te tracasse pas à présent. Dis une prière...

Des coups violents retentirent à la porte de la rue.

— « Et le Verbe s'est fait chair ! » cria-t-elle en bondissant vers l'entrée.

— Hola ! Winkorkowa ! Venez demain à la mairie. Il est arrivé un papier à propos de votre garçon, lui jeta, à travers les vitres, le garde de la commune.

Bien qu'elle eût fermé la petite chambre, Jean avait entendu. Quand la vieille revint, elle le trouva, debout, en chemise, cherchant fiévreusement ses habits.

— Je ne veux pas aller en prison... tuez-moi, mère... je ne veux pas y aller.

— Jean! Jean ! rugit-elle avec désespoir, fondant sur lui comme une louve.

Il se défendait, mais ses forces le trahirent. Elle le recoucha et dut rester longtemps à son chevet, car il s'arrachait du lit, voulait s'habiller, s'enfuir.

— Ne me livrez pas, mère, ne me livrez pas ! et il s'accrochait à son cou, claquant des dents, la baignant de larmes, puis retombait, délirant, égaré, jusqu'à ce qu'elle eût enfin réussi à lui faire prendre une potion qui l'étendit dans un sommeil de pierre.

Quelle nuit elle passa, la malheureuse ! Quelles terreurs hurlèrent dans son âme, quelles tortures déchirèrent son cœur, quelles tempêtes de désespoir la secouèrent !

L'aurore blanchissait déjà sa demeure qu'elle était toujours accroupie devant sa cheminée depuis longtemps éteinte. Elle se levait parfois machinalement, allait regarder dehors, dans la chambre, puis revenait à la même place. Ses larmes, qui ne pouvaient plus couler, refroidissaient au bord de ses paupières et l'aveuglaient de leur voile vitreux.

Elle se sentait perdue, sans secours.

— On l'appelait à la mairie. Il y avait un papier pour Jean. On savait qu'il s'était sauvé; on le cherchait; on allait le prendre.

Non, elle ne le donnerait pas ! S'ils l'emmenaient, elle ne le reverrait plus.

Elle fermait les yeux, se sentant glisser vers un abîme dont ses soubresauts de révolte ne faisaient que la rapprocher. Pourquoi avait-on puni son enfant ? Était-ce juste ? Pour un coup de fourche à cette brute. Mais il était dans son droit. L'intendant voulait entraîner Nasta dans la grange. Il la défendait. Et pour cela, trois ans de prison, lorsque tant de coquins couraient le monde ! On avait condamné Jean. Et l'autre, rien ? Où était la justice ? Il vivait comme un seigneur, continuant de plus belle. Toutes les filles qui allaient servir chez ses maîtres étaient sûres de leur fait. Colère de Dieu ! Et pas de châtiment pour ces choses-là ! De qui aurait-il eu peur ? Qui pouvait rien lui dire ? Il l'avait voulu et Jean... Ah ! que le...

Une haine impitoyable rugissait en elle, tordant ses doigts noueux qui déchiquetaient son fichu.

Que faire ? Le médecin était loin, et puis il parlerait, les gens demanderaient, causeraient... Non, non... Mais s'il mourait ?

Elle pesa longtemps cette question qui venait de tomber comme une pierre sur son pauvre cœur, et de l'écraser.

— Eh bien ! qu'il meure. Ce sera fini pour moi aussi. Je n'aurai pas à le leur rendre au moins. Qu'il meure ! se dit-elle, farouche...

Il faisait déjà grand jour. Elle s'habilla un peu, prit dans un mouchoir une douzaine d'œufs et partit pour la mairie.

L'air piquant du matin lui rafraîchit le visage. Le soleil resplendissait. Les pâquerettes des fossés

clignaient amoureusement leurs cils roses; les alouettes montaient des champs encore froids et sonnaient
comme des clochettes dans le ciel clair.

La mairie se trouvait à peu de distance, derrière
l'église, dans l'édifice en ruine du couvent. Le greffier n'y était pas encore: il dormait. Le garde ache-
vait de balayer et s'en allait soigner les porcs, dont
on entendait les cris aigus, au fond des longs corri-
dors coupés de cloisons en planches.

La Winkorkowa s'assit à l'entrée sur un des cha-
piteaux énormes tombés du fronton et servant alors
de bancs. Le maire arriva bientôt. Elle le salua.

— C'est pour ce papier qu'il y a à propos de
mon Jean, commença-t-elle.

— Oui, il y a quelque chose. Mais attendez,
M. le greffier va se lever.

— Vous savez ce qu'il y a dedans?

— Je ne peux pas vous le dire ici, dehors. Et
puis le greffier est fait pour vous le lire; je vais
l'avertir, il vous dira.

Il sauvait sa dignité. C'était la première fois
qu'il entendait parler de ce papier.

— Eh! le maire, aidez-moi à porter le seau.
Les cochons veulent boire, je ne pourrai jamais tout
seul, cria le garde.

— Voyez-vous ça? Mais porte-le, toi! répondit le maire indigné. Puis, ayant jeté un regard sur

les fenêtres encore closes du greffier, il cracha dans ses mains et empoigna le seau.

— Il faut toujours s'aider entre voisins, fit-il en revenant, et, s'asseyant avec importance sur une pierre, il se mit à offrir du tabac à quelques paysans venus pour leurs affaires.

— Maire, M. le greffier a dit que vous graissiez les roues de la voiture et que vous prépariez les chevaux, commanda le garde.

Le maire s'en défendit. Il remarquait déjà des sourires sur les lèvres des paysans. Mais bientôt une tête ébouriffée parut à un vasistas et une voix cria:

— Maire ! Ici ! La voiture ! Nous allons à Gorka pour l'enquête.

— On y va ! C'est juste, tout de même : la voiture, c'est de l'Administration, l'enquête aussi. C'est juste.

— Dites donc, notre maire, vous avez tâté les poules de Mme la greffière, aujourd'hui ? demanda un paysan, gouailleur.

— Tais-toi, toi ! Vous le voyez, celui-là ?

— Il faut aussi emmailloter le petit.

— Et porter le joli vase en porcelaine...

— Et cirer les bottes.

— Et torcher le nez aux petites demoiselles, hein ?

Les quolibets pleuvaient, pendant que le pauvre

maire roulait la voiture devant la maison et amenait son cheval par la crinière pour l'atteler avec celui du greffier.

— Un étalon, pas ?

— Une fière bête, en tout cas. Donnez-lui de la paille, il la mangera. Donnez-lui des perches pas trop sèches, il les croquera comme du sucre. Et gare au linge sur les buissons.

— Il laisserait manger les cochons avec lui, tant il aime la compagnie.

— Ça n'est pas tant le cheval, c'est la dignité qu'il faut voir. Un cheval de l'Administration. Ah !

— Regardez-moi comme il pose les pieds : on dirait une vache pleine. Et la queue ? Un vrai paquet de filasse.

— Oh ! les beaux harnais, les belles ficelles ! Mettez-lui donc des pantalons, notre maire, comme aux chevaux de course, et menez-le à Varsovie pour le montrer.

La Winkorkowa attendait toujours. Les yeux fermés, la tête appuyée au mur, elle n'entendait rien de ce qui se passait autour d'elle. Les mêmes mots, depuis la veille, bourdonnaient à ses oreilles. Il y a un papier qui parle de Jean. On le cherche. Que dira le greffier ? Elle ne savait pas que le soleil incendiait la vallée, les bois, les labours de ses rayons joyeux. La gelée avait fondu, les fumées montaient toutes droites comme des colonnes de mousseline, et, du village, que de la hauteur on voyait comme sur la main, le bétail sortait en longues files.

— Winkorkowa, à la mairie ! cria le garde, et apercevant le mouchoir noué qu'elle portait, — Passez par la cuisine.

Elle entra d'un pas fatigué, machinal, dans le cloître délabré au travers duquel couraient les cochons et les poules.

Debout au milieu de l'immense cuisine voûtée, la femme du greffier fumait une cigarette qu'elle rallumait à chaque instant.

La Winkorkowa s'inclina.

— Qu'est-ce qu'il y a ?

— C'est pour... C'est pour ce papier... Il n'y en a qu'une douzaine, les poules n'en pondent pas encore beaucoup, bégaya-t-elle en dépliant le mouchoir et en l'étalant par terre.

— Frais ? Hein ?

— De deux jours.

— Vous avez quelque chose à demander ? continua la greffière, en mirant les œufs à contre-jour.

— Oui. C'est un papier qui est venu pour mon fils, celui qui est... vous savez...

— Allez au bureau, je vais faire prévenir mon mari.

— Dieu vous le rende, Madame, dit la vieille en sortant.

— Adam ! dites à Monsieur que la Winkorkowa a quelque chose à demander, cria la greffière à travers la porte, et elle revint examiner les œufs.

Dès la porte du bureau, la paysanne salua. N'entendant pas de réponse, elle attendit. Le greffier s'habillait. Il disparaissait à chaque instant dans la pièce voisine, d'où il revenait avec une pièce de sa toilette, qu'il passait lentement en causant avec quelques visiteurs.

Elle attendit une bonne heure. Le greffier déjeunait. Il ne restait dans le bureau qu'un jeune homme roux qui fumait discrètement en poussant dans la cheminée la fumée de sa cigarette.

— Monsieur, dit-elle timidement.

— Qu'est-ce qu'il vous faut ?

— On m'a dit qu'il y avait un papier pour mon fils, Jean Winkorek.

— Ah ! oui, ce voleur qui s'est sauvé de prison.

— Mon fils n'est pas un voleur. Et toi, mauvais drôle, je te défends d'en parler ! cria-t-elle à haute voix, exaspérée par ce mot, qui l'avait frappée comme un coup de couteau.

— Ne parlez pas si fort, la femme, si vous ne voulez pas qu'on vous mette à l'ombre, dit tranquillement l'autre, en envoyant de grosses bouffées.

— C'est vous, Anna Winkorkowa ?

— C'est moi, Monsieur, dit-elle en sursautant.
Le greffier était près d'elle.

— C'est votre fils, Jean Winkorek, qui a été
condamné à trois ans pour coups et tentative de
meurtre ?

— C'est cela, c'est bien cela. Mon fils s'appelle Jean. Mais c'est par méchanceté que...

— On me notifie que Jean Winkorek s'est enfui
de prison il y a une semaine.

— O mon Dieu ! gémit-elle en chancelant.

— Et on le recherche. S'il se montre chez
vous, vous devez le retenir et avertir ici.

— Mon enfant, à moi !

— Il ne s'agit pas de cela. Il s'agit de ceci: un
tel s'est échappé, il faut qu'on le reprenne. Une
fois pris, on le jugera et il retournera en prison. Si
quelqu'un l'aide ou le cache, il sera puni également.

Il avait fini et s'était mis à son travail.

La Winkorkowa restait là, foudroyée, sans trouver la force de sortir.

— On le jugera et il retournera en prison !

Pleurs, amertume, affliction: voilà tout ce qu'il y a par ce monde. Et toi, pauvre homme, souffre ! Et toi, ver de terre, lutte, tiens bon ! Et toi, misérable, fuis, passe les montagnes, passe la mer : le chagrin te retrouvera bien et te prendra à la gorge, où que tu te caches !

O misère, misère, misère !

Les hommes sont comme ces eaux qui ne savent ni d'où elles viennent, ni où elles vont. Ils sont comme ces nuages que le vent pousse çà et là dans l'espace; comme ces feuilles que l'ouragan vole aux arbres pour les emporter sur les champs, sur les bois, pour les jeter à la perdition; comme ce jour qui était hier, qui n'est plus maintenant et qui ne sera plus, jamais.

Et de compassion, point; de secours, point; de refuge, point. Où donc t'enfuirais-tu devant la fortune, ô homme, pauvre orphelin ? Tu t'accrocheras aux étoiles et tu rendras ton cœur confiant au Dieu des miséricordes.

O misère, misère, misère !

Ainsi se lamentait l'âme de la Winkorkowa. Et le vent hurlait au dehors, arrachait le chaume du toit, fouettait les murs des branches échevelées des arbres, sifflait dans la cheminée et, semblable au Malin qui se réjouit du malheur des hommes, dansait sur les routes obscures, par la nuit pluvieuse, désolée.

La Winkorkowa pleurait. Tekla, seule, s'était occupée de la maison. Elle avait préparé le souper, décroché du plafond le drap plié en berceau dans lequel dormait son enfant et s'était retirée chez elle.

La vieille, toute à sa douleur, ne s'en était même pas aperçue. Elle restait debout près du malade, l'oreille à tous les bruits, à toutes les voix de la nuit, croyant entendre à tout moment un cliquetis de sabres et des piétinements sur le seuil. Alors elle se jetait en avant, barrant la porte de son corps, lançant des regards comme seule peut en lancer une mère qui défend son enfant. Personne ne venait. C'était la nuit solitaire qui foulait le monde aux pieds de ses ouragans.

Très tard, quelqu'un frappa délicatement, et Nasta, trempée, gelée se glissa dans la chaumière.

— Je ne m'assoierai pas. Il faut que je retourne. Je venais vite vous dire quelle peur j'ai eue. Les maîtres disent au château que Jean s'est sauvé.

— Et tu veux le vendre, misérable ? gronda la vieille.

— Moi ? Qu'est-ce que vous dites ? Moi, vendre Jean ? Moi, qui donnerais mon sang pour lui ? Un sanglot lui coupa la parole; elle tira vivement son foulard sur ses yeux, tourna le dos, et le bruit de ses socques se perdit dans l'ombre.

— Souffre, toi aussi ! Mange ta peine, comme moi, mange ! cria la vieille en marchant fiévreusement par la chambre comme pour chercher quelque chose.

Rien, elle n'y pouvait rien. Ils viendraient, ils le verraient, ils le... Sa tête branlait de peur. Mais non, il guérirait, elle l'aiderait à partir, elle vendrait la truie, une vache, les deux s'il le fallait, elle irait avec lui dans un endroit où personne ne les connaîtrait. Où ? Elle frissonna. Est-ce qu'il n'y aurait pas là-bas aussi des tribunaux, des prisons ?

Elle se prit la tête à deux mains, et s'assit.

Partout, comme des piéges à loups : partout ! Elle était allée à Czenstochowa, elle avait dû montrer son passeport ; au Calvaire, derrière Cracovie, aussi.

Elle regarda autour d'elle: des grilles, des murs, des baïonnettes, des mains tendues pour la saisir. O Dieu ! Nulle part elle n'échapperait à cette force terrible qu'elle sentait maintenant peser sur elle, qu'elle voyait dans toute son horreur personnifiée dans le gendarme et dans la prison.

La malheureuse, elle ne comprenait pas ce mot: le Droit, elle croyait que c'était la Justice. Et dans sa pauvre cervelle bouleversée rampaient, larves grimaçantes, les souvenirs des anciennes années, des anciennes peines, des anciennes injures qui lui criaient du fond des temps: jamais, nulle part !

Elle eut un hurlement de chien qu'on fouaille, puis se replia en gémissant dans le coin noir de son âme.

Alors se mit à sourdre en elle l'altière révolte du désespoir.

Comment ! Jean allait retourner en prison, où il avait déjà passé deux ans, innocent ! Et quand tant de criminels se promenaient en plein jour, ne serait-ce que cet Adam Wojtek dont personne n'ignorait qu'il avait des rapports avec des voleurs, ou ce Michalak dont on savait aussi qu'il avait tué un homme. — Ils vont, ils viennent, personne ne les inquiète. Pourquoi ? Ce n'est pas juste !

Elle s'endormit, brisée.

Le jour ne lui apporta pas de consolation. Sa révolte s'était changée en haine contre le monde entier.

Jean n'allait pas mieux. Elle ne le quittait pas, lui appliquait des ventouses sur les épaules, sur les côtés, et, pour lui tirer un peu de sang, coupait les « gonfles » avec un couteau affilé. Tekla revint dîner.

— On sait déjà au château. On cause dans le village, furent ses premiers mots.

— On cause ! Que dit-on ?

— Ce qu'on dit ?... L'intendant a promis dix roubles et une bouteille d'eau-de-vie à qui prendrait votre garçon.

— Et les gens ?

— Les gens sont les gens, et dix roubles, ça fait une somme. Puis comme se parlant à elle-même : On pourrait acheter une belle truie avec ça.

La Winkorkowa l'examina et, voyant avec quelle cupidité Tekla regardait les cochons, elle se décida, après une lutte terrible.

— Tekla, je vous donne ma truie.

— Je ne suis pas un Judas ! cria la femme, avec une indignation sincère, mais ses yeux flambèrent de convoitise.

— Ce n'est pas non plus ce que je pense. Voilà longtemps que je me promettais de vous la donner.

— Alors bon, mais pour de l'argent.

— Allons donc ! Vous m'avez tant aidé dans mon tissage. Elle vous revient,

— Vraiment, vous me la donnez pour tout de bon ?

— Pour tout de bon. C'est une belle bête, vous en tirerez quelque chose.

— Alors... c'est tout à fait mon cochon ?

— Tout à fait, parbleu !

— Jésus, Marie ! Il ne serait pas plus beau si je l'avais fait ! cria-t-elle transportée de joie, baisant, à deux genoux, les mains de la vieille. Elle vola vers l'étable et ramena la truie dans sa chambre. Elle tournait tout autour, la forçait à manger, oubliant l'enfant qui s'égosillait dans son drap, éblouie par le bonheur de posséder une truie à elle.

— Dieu ! qu'elle est jolie ! Ah ! la mâtine ! ah ! la rusée !

A ces éclats d'enthousiasme, la Winkorkowa souriait avec tristesse. Après tout, elle aurait donné sa vie pour Jean, mais la bête valait bien quelque six ou sept roubles : au printemps les cochons se payent cher.

— Comment faire autrement ? pensait-elle en allant voir l'accouchée de l'avant-veille.

Elle excitait les gens à causer afin de savoir si l'on se doutait de la présence de Jean chez elle. Mais les paysans ne se laissaient pas prendre. Pas un mot, pas un regard ne les trahissait, et quand elle en vint jusqu'à parler de l'évasion, ils prirent des mines si étonnées qu'on eût dit que cet événement, dont tout le village s'entretenait, était pour eux une nouvelle foudroyante.

— Hypocrites ! Pas un qui lâchera un mot ! grommelait-elle, déçue.

— Chiffons ! Chiffons ! Chiffons ! geignit une voix sur la route. La bonne dame, vous n'avez rien ? Vous n'avez besoin de rien ? lui demanda le chiffonnier, un petit juif rousseau qui tirait la jambe près d'un squelette de cheval attelé à une vieille charrette.

— Arrêtez-vous devant chez moi. Je reviens à l'instant.

Elle entra chez les Sulek. Le juif continua son chemin, s'échinant à pousser la charette de toute la force de son bras maigre, assommant sa bête, jetant sans répit son refrain à tous les échos, et écartant à grands coups les chiens qui s'en prenaient voracement aux pans traînants de sa lévite.

Il s'arrêtait de temps en temps pour échanger contre quelques hardes des aiguilles, du fil, des épingles, des sifflets, pour faire même parfois des opérations plus importantes, portant, par exemple, sur une douzaine d'œufs, une mesure de pommes de terre ou une vieille poule déplumée.

Une troupe d'enfants à demi-nus le suivaient en

piaillant. Tout le village retentissait d'aboiements et de cris.

Vers la tombée de la nuit, le chiffonnier arriva chez la Winkorkowa. Il donna du foin à son cheval, et le fouet en main, entra dans la chaumière. Mort de fatigue, il resta longtemps assis, sans rien dire.

— Vous n'en pouvez plus.

— Je marche depuis ce matin, et comme je n'ai rien mangé, je me sens un peu faible.

— Vous allez boire du lait, je vous le donne.

— Dieu vous le rende, ma bonne dame. Prenez mon pot, vous trairez dedans.

Elle le lui apporta plein. Il le mit sur le feu, le fit bouillir, y émietta un petit pain noir et se mit à manger si avidement que la vieille alla chercher trois œufs et les posa devant lui.

— Mangez aussi cela. Mangez toujours. Ils vous feront du bien.

Il la remercia, surpris et reconnaissant, fit cuire les œufs, en mangea un et cacha les deux autres dans sa poche, pour ses enfants. Puis, en paiement de son bon cœur, il lui dit tout bas :

— Les gendarmes m'ont parlé de votre garçon; ils le cherchent.

La vieille laissa échapper son ouvrage et regarda inconsciemment la porte de la petite chambre.

— Ils le cherchent, continua le juif, ils m'ont

dit qu'il y a une semaine, il était à l'auberge de Prylenk, la nuit. Il a cassé le nez à un gendarme et s'est sauvé.

— Grand Dieu ! cria-t-elle, car elle ignorait cet incident.

— Surtout ne le gardez pas, s'il vient : ils le prendraient, vous savez ! Je le sais. Quand mon jeune frère a déserté, nous l'avons caché deux jours : ils sont venus, ils l'ont arrêté, nous ne l'avons plus revu. Ah ! quel moment nous avons passé ! — Il tressaillit d'émotion. — S'il était allé en Amérique, ils ne l'auraient pas repris.

— Où ça ? demanda-t-elle vivement.

— En Amérique. C'est loin, de l'autre côté d'une mer... de deux, peut-être. Il y a beaucoup de monde là-bas : des Juifs, des Polonais, des Allemands. On est bien là-bas, il n'y a pas de gendarmes. Je sais cela. Il y a le fils du chirurgien de chez nous qui y est ; il envoie tous les ans de l'argent à son père.

— Et pourquoi n'y avez-vous pas envoyé votre frère, Moïse ? demanda-t-elle soupçonneuse.

— Pourquoi ? Nous n'avions pas d'argent. Si j'avais seulement de quoi payer la route pour moi et ma famille, je m'embarquerais tout de suite.

— Il faut donc beaucoup d'argent ? fit-elle d'un ton indifférent.

— Je ne sais pas au juste, mais un juif m'a dit que tout le voyage valait dans les cent roubles. C'est une somme.

Ils se turent.

Le juif se ceignit la taille d'un grand mouchoir rouge, y passa les pans de sa houppelande et sortit en chuchotant :

— Je vous le conseille en ami : qu'il se sauve en Amérique. Allons, restez avec Dieu.

— Allez avec Dieu, Moïse.

— Vous savez, Herszlik, celui qui fait passer la frontière, je lui parlerai, il est chez lui ces jours.

— En Amérique, de l'autre côté de la mer ! pensait-elle, une fois seule, — c'est, pour sûr, là-bas que ces gens s'en vont.

Elle resta deux jours sur cette idée, la retournant sur toutes ses faces, la ruminant, ne pouvant se résoudre à envoyer son enfant dans cet inconnu. Mais elle irait avec lui ! Que ferait-elle ici toute seule ? Et soudain s'éveilla en elle la curiosité du paysan. Puis, au premier coup d'œil qu'elle jeta par la fenêtre, son enthousiasme se refroidit et fit place à de nouvelles frayeurs. — Quitter sa maison, sa terre, son église, tout, pour ne plus revenir : elle mourrait de tristesse. C'étaient des tentations du diable que ces voyages !

Malgré tout, son âme s'était rassérénée à cet

espoir de sauver Jean. Il y en avait bien d'autres, du reste, qui partaient pour cette Amérique. Le curé avait beau dire, en chaire, qu'ils allaient à la perdition. Peuh ! Parole de curé, serment de voleur.

Mais ces projets furent bientôt mis de côté. Malgré ses soins infatigables, l'état de Jean s'aggravait. La blessure ne se fermait pas; le sifflement des poumons s'accentuait. Ses moments lucides devenaient de plus en plus rares; il ne revenait à lui que pour la désespérer davantage.

— Je vais mourir, maman, je vais mourir.

— Non, non, tu guériras. La vierge de Czenstochowa nous sauvera.

— Je vais mourir, maman, je le sens. Je ne respire plus.

Et il se plaignait tout bas, fondant en larmes.

La mère, dont le cœur se brisait, l'apaisait, le rassurait. Il ne la croyait plus, sentant déjà le découragement irrémédiable de l'agonie.

— Qu'est-ce que cela me fait de vivre ? J'irai en prison, s'ils me reprennent. Je ne veux pas. Je me tuerai, si on me renferme, je me ferai du mal.

— Mon enfant, mon unique, mon garçon chéri, tu n'abandonneras pas ta mère, tu ne la laisseras pas toute seule ! gémissait-elle en l'embrassant.

— Je suis mal... si mal, et sa voix expirait dans un râle.

Elle passa la nuit auprès de lui, dans une terreur indicible, croyant à chaque instant le voir mourir, le serrant sur son sein, réchauffant ses membres glacés. Au matin, elle était prostrée à terre, les bras en croix, priant, éperdue.

L'aube commençait à peine, la pluie battait les vitres, une ombre verdâtre inondait la chambre d'une tristésse sans bornes.

Jean se souleva tout à coup, et, d'une voix effrayante, cria :

— Le prêtre ! le prêtre !

Il retomba, inerte.

Sans attendre le jour, la Winkorkowa laissa Tekla près du malade, prit sur le perchoir une poule, qu'elle enveloppa dans une serviette, et courut au presbytère.

C'était l'ancienne église du couvent, magnifique encore dans sa vétusté et son abandon. Des fresques moisissaient sur les murs de la nef étrangement silencieuse et vide. Par le portail grand ouvert, des moineaux s'engouffraient en pépiant dans la clarté du jour naissant et allaient se percher aux corniches.

A l'un des autels latéraux, le curé disait une messe basse que le sacristain lui servait. Le silence n'était interrompu que par les tintements brefs de la sonnette, les réponses criardes du servant et la grosse voix du curé, qui jetait de soudains éclats; puis l'on n'entendait plus qu'un vague chuchotement, le froissement des feuillets du missel et la rumeur lointaine du village, qui venait mourir sous les voûtes.

Agenouillée sur le pavé, la Winkorkowa priait. Des soupirs étouffés soulevaient sa poitrine et troublaient d'une secrète angoisse le recueillement serein de l'église. Comme la sonnette annonçait le dernier *Agnus Dei*, la poule qu'elle avait posée auprès d'elle se débattit violemment et tenta de s'enfuir en rampant sur ses pattes attachées. Elle la rattrapa, et, la messe terminée, se rendit à la sacristie.

— Un instant ! cria le curé, bourru.

Elle s'arrêta humblement, le contemplant avec dévotion tandis qu'il enlevait ses ornements.

— Venez avec moi. A travers le cloître désert il la conduisit à sa demeure.

Leurs pas sur les dalles verdies éveillaient un sourd écho. Une volée de pigeons partit, à leur approche, sur les sapins qui bordaient les arcades. Le curé sifflait pour les appeler, tandis que la Winkorkowa regardait, avec un pieux attendrissement, les figures des saints moines à demi effacées sur les travées. Elle pensait à ce qu'elle allait dire. — Je raconterai tout, comme en confession... c'est un prêtre, il n'en dira rien... — Et, impatiente de confier ses peines, elle s'inclinait déjà pour lui baiser le coude, à la mode des paysans polonais; mais, sans faire attention à elle, le curé marchait très vite, sifflotant, enveloppé du frou-frou d'ailes des pigeons qui se posaient sur sa tête et ses épaules.

— O Dieu ! songeait-elle. Et mon Jean qui va mourir !

— Qu'est-ce qu'il vous faut ? demanda-t-il, en

ouvrant la porte de sa chambre, l'ancienne cellule du prieur, peinte comme une chapelle.

Il s'assit devant son déjeûner et l'écouta. La vieille racontait sans ordre, s'interrompant pour reprendre haleine et pour lui embrasser les genoux.

— Je vous parle comme en confession... c'est la sainte vérité... Il l'entraînait dans la grange, le débauché! Elle était déjà fiancée à Jean... Il lui dit: laisse-la! L'autre lui donne un coup de bâton, alors Jean prend une fourche... Qu'est-ce qu'il pouvait faire?

Elle s'essuya les yeux, s'appuya contre la porte et continua sévèrement :

— Je suis une femme, j'en aurais fait autant. Trois ans de prison! Et il était innocent. L'autre a pris des témoins pour dire que mon garçon avait voulu le tuer. Une canaille! Un homme dont la vie n'est qu'une offense à Dieu! Et Jean... quelle honte! Son père n'était pas n'importe qui pourtant; on le connaissait pour un brave homme; et le grand-père avait été en France... Maintenant le petit est un assassin, un voleur!

— Eh bien! qu'est-ce que je peux faire pour vous? demanda le prêtre avec compassion.

— Il est chez moi, malade, il va mourir. Personne n'en sait rien. Je le cache comme je peux. Mon père, je vous le dis comme en confession.

— Bien, bien, n'ayez pas peur. — Il réfléchit un moment. — J'y vais, allez devant. Allons, en route ! Et remportez-moi cette poule, folle !

La Winkorkowa vola chez elle, fit vite tant bien que mal un peu d'ordre dans la chaumière, introduisit près du malade le curé qui arriva bientôt, et l'attendit, une bonne heure, à genoux devant ses images.

Le curé sortit. Il était très ému.

— Ne craignez rien. Il se remettra, ce garçon. Il ne lui faut que des remèdes.

— Mais quels remèdes ? Où les prendre ? Si vous vouliez écrire à la pharmacie !

— Allons, bon, je m'en vais à la ville. Venez l'après-midi chez moi, ils y seront.

La vieille, tremblante de bonheur et de reconnaissance, voulait se jeter à ses pieds.

— Ne faites pas la bête, vous ! Baisez plutôt les pieds du bon Jésus et remerciez-le.

— Ah ! c'est comme si j'avais le printemps dans le cœur ! dit-elle à Tekla quand le prêtre fut parti.

Et après tant de jours d'angoisses et de ténèbres, un peu d'espoir commença à briller dans la chaumière.

Le printemps était venu.

Durant tout le mois d'avril d'abondantes pluies tièdes étaient tombées, mais un jour, un dimanche de mai, le soleil se montra, et le monde fut en fleurs, en gazouillements, en joie. L'eau des averses bordait encore les labours de lisérés d'argent, les routes n'étaient pas sèches, un vent froid soufflait encore des bois, des lambeaux de nuages filaient à l'horizon, mais partout sur les campagnes, sur les champs et les prairies, sur les frondaisons nouvelles, dans les murmures des ruisseaux, dans les cœurs des hommes et des bêtes, le printemps chantait son hymne triomphal.

Prylenk ressemblait à un énorme parterre. Les arbres en fleurs saturaient l'air de leur haleine enivrante. Sous l'azur pâle du ciel les hirondelles faisaient rage, bondissaient comme des balles entre les branches fleuries, tourbillonnaient dans les granges vides, frappaient aux vitres des maisons et cherchaient une place pour nicher. Encadrées du tapis velouté des herbages, les moissons ondulaient déjà, poussant hâtivement leurs épis à la rencontre du soleil. Les cigognes craquetaient dans leurs nids encore vides. Les fossés, les sentiers, les jachères foisonnaient de coucous et de mauves. Partout éclatait la gaieté du renouveau.

A Prylenk, les cerisiers formaient déjà leurs fruits, tandis que les pommiers précoces qui remplissaient les jardins enfouissaient les chaumières sous des nuages roses tout bourdonnants d'abeilles.

Le calme d'un jour de fête planait sur le village.

Dans les cours, auprès des puits, les paysans se lavaient gravement, méthodiquement, séchant au vent tiède leurs corps ruisselants qu'essuyaient les branches pendantes. Parfois une chanson s'envolait, comme un oiseau, d'une fenêtre et se perdait dans les fleurs d'un pommier; des appels, des rires de bergers se mêlaient sur les pâturages au beuglement des vaches mises au vert. Et comme la cloche tintait dans l'air calme, les gens sortaient lentement de leurs demeures et se dirigeaient vers l'église : d'abord les vieux fermiers aux capotes grenat serrées d'une ceinture rouge, puis les ménagères en tabliers rouges également, puis les garçons en vestes rayées, puis les filles, en mouchoirs blancs, portant, dans une main, leur livre de messe, et dans l'autre leurs souliers qu'elles ne mettraient qu'avant d'entrer.

Deux personnes quittaient en ce moment la forêt et prenaient la route du village : c'étaient un gros mendiant aveugle, clopinant sur des béquilles, et une vieille femme qui le conduisait par une corde.

— Dépêche-toi ! Nous serons en retard, grommelait-elle en le tirant.

— Folle ! Nous ne trouverions que des buissons. Que veux-tu qu'on nous donne avant la grand'-messe ? Il renifla. Les pommiers doivent être en fleurs.

— Je crois bien. On dirait que le village est peint.

— C'est rouge ?

— Idiot ! Des pommiers, bien sûr que ça n'est pas bleu.

— Et les pommes de terre sortent ?

— Imbécile ! Ça n'est pas ces pluies qui les auraient fait rentrer.

— Il doit y avoir des gens sur la route, on dirait que j'entrevois quelque chose.

— Tout le village court à l'église.

Dès qu'ils eurent dépassé les premières maisons, le mendiant se fit tout bossu, laissa tomber sa tête sur sa poitrine, et, d'une voix lamentable, entonna une litanie. La vieille répondait en fausset.

— Plus fort, vieille, plus fort ! Les bons chrétiens n'aiment pas qu'on loue le Bon Dieu entre les dents.

— Nous entrons quelque part?

— Eh! non. Pourquoi? Pour qu'on te donne une croûte? Bon pour les cochons!

Les gens les saluaient en passant, car tout le village les connaissait. Le mendiant s'arrêtait, interrogeait, bavardait et poursuivait son chemin, clopinant.

— Il faut entrer chez la Winkorkowa, dit-il.

— Ah! oui, la chaumine de l'autre côté de l'eau. Après la messe peut-être.

— Non, vas-y! et il lui poussait son bâton dans les côtes.

La Winkorkowa se mettait en route pour l'église, mais, voyant venir à elle des mendiants, elle ouvrit sa porte toute grande.

L'aveugle s'assit, haletant.

— Je ne sens plus mes béquilles.

— Vous venez de loin?

— Eh! d'un mille d'ici, de Gorka. Pour un jeune, ça n'est rien. Pour un vieux, c'est trop. Oh! la Winkorkowa, approchez un peu.

Elle s'avança, le regardant avec inquiétude.

— Ils ont l'œil sur votre cabane, lui souffla-t-il à l'oreille. J'ai rencontré un ancien qui m'a dit: Nous savons que Winkorek est chez lui; il se soigne, mais qu'il guérisse seulement, nous le trouverons bien. Voilà ce que j'ai entendu. J'ai fait le tour par Prylenk pour vous avertir en chrétien. Je lui ai dit que ça n'est pas vrai. J'ai bu trois tournées d'eau-de-vie avec lui.

— Dieu vous bénisse, murmura-t-elle épouvantée. Et aussitôt de bourrer la besace du mendiant d'œufs, de lard, de kacha, puis de tirer d'un paquet de chiffons une pièce d'or qu'elle lui mit dans la main.

Il se défendait d'accepter.

— Je ne suis pas un avocat, moi. Je ne défends pas les bonnes gens pour leur argent, mais pour l'honneur. Vous êtes pauvre. Enfin, puisque vous me forcez à prendre, je dirai une prière... Bah! la prière aide, bien sûr, mais il faut aider la prière.

— Oh! dites! Comment? Je vous donnerai je ne sais quoi.

— Il n'y a pas d'autre moyen que de l'envoyer par le monde, dès qu'il ira mieux. Pourquoi ne partirait-il pas au Brésil?

— Seigneur! si loin! le pauvre petit!

— Eh bien! Il tète encore, quoi? Mais partez donc avec lui!

— Alors je laisserai ma chaumière, mon champ?

— Oh! ces femmes! vous leur versez des conseils, et tout passe comme par un tamis ! Et vous ne pouvez pas la vendre, dites ?

— Vendre, vendre ! J'y pense assez, mais j'ai peur...

— Ayez plutôt peur de perdre votre garçon. Je parlerai à Herszlik. Il viendra vous voir. C'est lui qui expédie le monde là-bas. C'est un malin. Je lui en parlerai ?

— Dites-le lui, répondit-elle très vite.

—Il y a tant de gens qui y vont : c'est qu'ils ne s'y trouvent pas mal. Ainsi Antek Adam de Gorka y est depuis deux ans. Il vient d'envoyer l'autre semaine quatre cents roubles à ses sœurs pour régler leur succession. Ah ! si j'avais seulement cinquante ans de moins, des yeux et pas de béquilles, je ne serais pas là. Allons, je vous enverrai Herszlik et je recommanderai tout cela au Bon Dieu. Conduis, femme, j'entends le dernier coup qui sonne.

Quand le mendiant fut parti, la Winkorkowa conduisit son fils, déjà convalescent, dans le jardin, derrière la chaumière. Elle l'installa sur des coussins à l'ombre d'un pommier et le recouvrit d'une peau de mouton.

— Qu'avez-vous ? lui demanda-t-il, voyant son visage soucieux.

— Ah !... pas de la joie.

— On sait ? cria-t-il en se soulevant.

— Reste tranquille, reste. Je vais à l'église.
Je demanderai, j'entendrai.

— Seulement ne tardez pas trop. Le temps me
dure tellement sans vous, supplia-t-il tout bas.

— Je reviens, je reviens. N'aie pas peur.

L'église était déjà pleine. On chantait le rosaire
avant la grand'messe, et vis-à-vis du portail, dans
le cimetière, les paysans debout, en groupes, cau-
saient. L'aveugle, à genoux au milieu d'eux, priait
à haute voix. L'office commença. Blottie sous la
tribune, la Winkorkowa songeait. Elle n'entendait
ni les chants, ni l'orgue, ni les cloches; tout résonnait confusément dans son âme comme l'écho lointain de pays inconnus. Le silence qui se fit soudain
la tira de sa rêverie.

De l'autel, le curé prêchait. Il parlait de l'émigration, représentant tous les dangers de ce mouvement, avertissant, priant, suppliant, maudissant
presque.

Les paysans écoutaient dans un silence profond,
se poussaient du coude, se regardaient, souriaient
à la dérobée, et au fin fond d'eux-mêmes n'en
croyaient pas un mot.

— Parle, parle ! pensaient-ils. Et le prêtre tonnait de sa voix puissante, exposant avec tant de
feu la perte des âmes qui abandonnaient la patrie

pour courir dans ce méchant monde étranger, que les gens impressionnables commençaient à se moucher et quelques femmes à pleurer çà et là. Mais la masse restait froide, impénétrable.

Le sermon fini, les conversations reprirent.

— Eh! le curé s'est entendu avec les maîtres, voilà pourquoi il cause si bien.

— Parbleu! ils n'auraient plus qui exploiter.

— Ça les ennuie de rester seuls.

— Alors, il nous trompe?

— Non. Il y a tout de même quelque chose de vrai dans ce qu'il dit.

— Quelque chose? Tenez, vous êtes plus bêtes que des moutons! Vous voulez aller au Brésil? Courez vite! Laissez les champs, les maisons, tout. Courez! Il restera toujours des Juifs et des Allemands qui se trouveront bien sur vos terres. Oh! Quand vous reviendrez, vous aurez des places de domestiques toutes trouvées. Vous serez bien alors. Non! les gens sont pires que le bétail; on le mène au moins, il comprend. Vous? Vous êtes comme les veaux. Oup! partis la queue en l'air sans savoir où!

— Mais, Grégoire, c'est dans les livres pourtant, et on dit...

— On dit, on dit... que tu n'es qu'une bête. Est-ce que c'est une raison pour que tout le monde le croie? C'est dans les livres! Tu l'as lu, toi?

— Non, bien sûr. Mais le briquetier de Wola, l'Allemand...

— Oui, il a lu, lui, je sais. Il a réussi à faire vendre leur champ aux Banak. Voilà ce qu'il a su lire.

— Mais ceux qui sont partis et qui envoient de l'argent?

— Pour un qui en envoie, combien y en a-t-il qui crèvent.

— Allons, Grégoire est en colère d'être trop vieux et de ne pas pouvoir y aller.

— Des moutons! Bêtes comme des moutons! cria Grégoire exaspéré, et, enfonçant sa casquette, il cracha et s'en revint chez lui.

Plus d'un méditait les paroles de l'ancien, mais la plupart continuaient à échafauder leurs chimères. C'était l'adjoint qu'il fallait entendre:

— Alors, vous allez écouter le curé? Et quand le percepteur viendra chez vous, c'est le curé qui paiera, hein? Et quand vous n'aurez rien à manger, c'est le curé qui vous donnera de quoi? Et si vous avez trop peu de terre, c'est le curé qui vous en ajoutera?

— Pour donner, il ne donnera pas; pour payer, il ne paiera pas: il n'est pas trop riche non plus, le pauvre! Mais il a toujours meilleure tête que nous. Il lit des journaux, des livres; il sait ce qui se passe dans le monde : il ne voudrait pas perdre le pauvre peuple, fit observer Tomek, celui qui venait d'avoir un garçon.

— Oui, oui, on dit ça. Au fond, il tient pour les châtelains, pas pour nous.

— Alors, ils se seraient entendus pour empêcher les gens de partir ?

— Evidemment. Il n'y aurait plus personne pour travailler, ni pour payer l'impôt, ni pour aller à l'armée. Au Brésil, il n'y a pas d'impôts, pas de recrutement, chacun est son maître; c'est un fonctionnaire qui vous le dit, remarquez-le bien.

— On donne de la terre à perte de vue.

— Et de l'argent pour l'exploitation.

— Et le billet pour la route, gratis.

— Antek Adam a écrit qu'il y a des bois à faire peur, et tout ça pour nous.

— Mais pourquoi est-ce qu'on nous attire là-bas ?

— Vous ne savez pas pourquoi ? Je vais vous le dire, moi, fonctionnaire. Ces Messieurs, au district, en parlaient justement. C'est que l'empereur du Brésil s'est fâché contre ses gens, parce qu'ils sont mauvais catholiques et qu'ils ont la gueule noire comme des marmites. Alors il a appelé son

Grand Fonctionnaire et il lui a dit : « Je commence à m'embêter de voir ces culs de chaudron ; ça ne sait ni cultiver ni rien; il faut les chasser dans les montagnes et m'amener des gens de Pologne. Il n'y a pas de plus braves paysans. J'entends dire qu'ils ont peu de terre et qu'ils sont bons chrétiens. » Voilà comment ça est venu. C'est la vérité vraie, conclut gravement l'adjoint en faisant courir sur eux ses petits yeux de renard.

L'appétit s'était fait sentir, les femmes rentraient préparer le repas, on se dispersait.

La Winkorkowa marchait dans un groupe, écoutant attentivement et poussant de gros soupirs. Elle regardait tour à tour les maisons dont les cheminées fumaient, les jardins, les champs, tout ce peuple bariolé et remuant qui l'entourait et elle se sentait prise d'un malaise pénible. Mais bientôt toutes ces conversations de gens sérieux, toutes ces promesses éblouissantes de terres, de bien-être, de liberté, l'échauffaient à tel point qu'elle aurait voulu partir immédiatement.

Devant une auberge qui s'élevait à peu de distance de sa chaumière, un gendarme était debout au milieu de quelques paysans. Elle l'aperçut tout de suite et se hâta de rentrer.

L'adjoint l'atteignit presque sur le seuil.

— Dites donc, je ne sais pas ce qui se passe,

mais l'intendant disait hier qu'il savait où prendre Jean, chuchota-t-il tout bas.

— Et les gendarmes ?

— Mais tout le village sait qu'il est chez vous ! Ils entrèrent.

— Vous avez entendu ce qu'on disait du Brésil ? demanda-t-il après un instant.

— J'ai entendu. Mais est-ce que je sais, moi, qui a tort ou raison ?

— Sans doute... Il me semble que Jean y serait en sûreté.

— Pas moyen de faire autrement, pas moyen !

— Et votre terre ? demanda-t-il, les yeux brillants de cupidité.

— Je la vendrai.

— Et qui voudra l'acheter ?... Tout le monde veut vendre.

— Quand ce serait pour la moitié de son prix, je la vendrai. C'est une bonne terre pourtant, d'un seul morceau ; il y a un pré, et puis la grange est presque neuve, la terre est bien cultivée, on peut le voir.

— Oh ! oh ! on sait que vous êtes la meilleure ménagère du village, pour sûr.

Elle ne répondit rien, entra dans un réduit et revint les mains pleines d'argent.

— Prenez. Vous ne savez rien, n'est-ce pas ?
dit-elle en mettant le doigt sur ses lèvres.

— J'arrangerai tout.

Il se leva, mit sa capote et dit sur le seuil:

— Dès qu'il sera guéri, partez. Et pour la
terre, ne vous dépêchez pas, n'en dites mot à personne.

— Non, non, on se douterait.

— Et vous savez ? tous les paysans prennent
peur. L'intendant a dit qu'il accuserait tout le
village, si on le cachait.

— Ah ! que Dieu se souvienne de tout le mal
qu'il nous fait !

— Si vous aviez absolument besoin... je vous
achèterai. Pas pour moi. Je ne tiens pas à l'argent, mais Adam de Zakarek m'a dit de voir une
terre pour son fils qu'il va marier.

— Venez un de ces jours, nous nous enten-
drons.

— Alors ça fait six arpents avec la prairie.

— Six arpents de champs et un arpent de prairie.

— Et-vous avez des outils ?

— J'ai de tout, presque neuf.

— Et la terre n'est pas enregistrée ?

— Non, mon défunt l'avait reçue avant l'ou-
kase.

— Restez avec Dieu.

Ils se tendirent la main et l'adjoint partit enchanté de tenir la terre pour n'importe quoi. Il la convoitait depuis longtemps.

La vieille s'occupa du dîner. Tekla, son enfant dans les bras, venait la trouver à chaque instant.

— Regardez, regardez ! il respire à peine.

Le croup l'étouffait. La Winkorkowa ne s'en souciait guère : elle avait bien assez de ses ennuis, et puis qu'y pouvait-elle ? Quand le dîner fut prêt, elle le porta au jardin.

L'état de Jean s'améliorait sans cesse. Les médicaments du curé, la belle saison, la jeunesse finissaient par avoir raison de son mal. Il ne marchait pas encore, souffrait toujours de la poitrine, mais les couleurs lui revenaient.

— Tu as dormi ? demanda la mère en s'asseyant à ses côtés.

— Comment ! J'ai écouté les cloches, j'ai prié et puis les arbres sentent si bon, il y a tant d'abeilles. Je vous ai attendue, mère, dit-il en se mettant à manger.

— Tu es bien ?

— Bien, maman, bien.

— Ton côté ne t'a pas fait mal ?

— Non, maman... oh ! les vêpres sonnent. Les grosse cloches abbatiales bourdonnaient. Les arbres frémissaient tout autour, et sur la tête du malade les fleurs du pommier s'abattaient comme des papillons roses.

— Jean... — Il leva les yeux.

— On sait que tu es ici.

Il ne répondit rien, mais s'agita violemment.

— Couche-toi, n'aie pas peur. Je ne te laisserai pas prendre, mon enfant, non.

De sa main noire, ridée, elle lui caressait le visage, tout en lui racontant le sermon et sa rencontre avec l'adjoint.

— Charognes, vous me le paierez ! Qu'ils me dénoncent seulement ! grommelait-il, les poings tendus.

— Repose-toi, mon enfant, tiens-toi tranquille. Nous partirons.

Et elle lui confia comment cette idée lui était venue de tout vendre et de s'en aller avec lui dans ce Brésil.

— C'est bon, mère, vendez tout, le bien est en votre nom. Vendez et allons-nous-en. Et que tout crève ici, puisqu'un honnête homme n'y peut même pas vivre, rien que des canailles, des menteurs, des Judas. Mais que ce soit vite fait, mère ! cria-t-il avec passion.

— Bien, mon enfant, j'irai au village, je parlerai aux gens, je dirai un mot de la terre à l'auberge.

— Et surtout ne vendez pas à l'adjoint. C'est le pire Judas de la commune. Il vous tromperait et il me trahirait, cette vieille jaunisse empestée avec ses yeux de loup !

— Reste-là, ne te fatigue pas. J'y vais.

Jean resta seul au jardin.

Il ne pouvait tenir en repos et se retournait sur sa couche, assailli de projets, de suppositions. Le plan de sa mère lui souriait à tel point qu'il aurait voulu partir sans retard pour ce grand monde de liberté et de bonheur, échapper enfin à l'obsédante menace de la prison. Il ne se cachait pas que tôt ou tard on le trouverait. N'était-il pas déjà bien étrange qu'on eût laissé passer six semaines sans l'inquiéter ?

Puis il demeurait immobile, les yeux fixés au ciel qu'il voyait briller entre les branches, l'oreille attentive aux bruits du village. Son âme s'échappait vers les champs qui s'étendaient derrière la clôture d'osier du jardin, vers les pâturages où il avait tant de fois mené son bétail, vers l'église, vers ses connaissances, vers Nasta enfin... Son front s'assombrit à ce souvenir, il chassa ce nom de ses pensées et promena des regards farouches sur les touffes d'orties qui bordaient la haie. Puis il se reprit à écouter... Il se voyait au milieu de la route, les gens se levaient pour le saluer, les fenêtres s'ouvraient, des visages curieux de jeunes filles se penchaient, tous l'invitaient chez eux, poussant un banc devant la porte, l'interrogeant, se réjouissant de le voir de retour, en bonne santé, s'indignant contre l'économe qui l'avait fait punir injustement.

...Non, il n'entrerait pas, il voulait seulement les revoir, causer, s'informer, il conviait à l'auberge filles et garçons pour fêter sa venue; on dansait au son de la musique et en avant la joie !...

Il sourit à ces images, revivant sa vie d'autrefois, buvant le plaisir à plein cœur; mais les paroles de l'adjoint lui traversèrent soudain la mémoire, il pâlit. « Il me vendrait, gémit-il, accablé. Vrai, il me vendrait ? se demanda-t-il encore. Ah ! nous verrions ! Vous le paieriez, n'ayez pas peur, vos enfants s'en souviendraient ! » gronda-t-il avec colère.

Pour s'arracher à ce trouble pénible, il prit son livre de prières et se mit à lire les vêpres en suivant les lignes du doigt.

Le soleil le pénétrait d'une bonne chaleur. La lumière tamisée par les feuilles, tremblait en poudre d'or sur ses cheveux. Un calme immense tombait du ciel que striaient dans les hauteurs de longues files de canards sauvages. Des oisons moussus boitillaient dans les herbes sous la conduite de deux

jars qui pourchassaient les poules en sifflant et s'at-
taquaient même à la truie, tandis qu'elle se grattait
à un pommier avec tant d'acharnement que les
pétales des fleurs tombaient en pluie rose sur son
dos.

Jean cessa de prier et resta comme noyé dans la
langueur tiède de cette soirée de mai, sentant couler en lui imperceptiblement cette vague délicieuse
de couleurs et de sons...

Il n'avait pas vu Nasta se glisser à travers la
haie et s'arrêter à quelques pas de lui, blanche
comme le mouchoir qui couvrait sa tête.

— Jean ! murmura-telle tout bas, les yeux
pleins d'effroi, d'attente et d'amour.

Il ne l'entendait pas.

— Jean ! Il tressaillit, promenant ses regards
sans rien voir sur l'herbe, sur les arbres, sur elle.
Cette voix lui semblait celle d'une apparition.

Elle n'y put tenir et s'agenouilla près de lui,
effleurant sa main, le cœur battant.

Il se dressa, les prunelles dilatées de stupeur, lui
toucha les bras, le visage, les cheveux et retomba
sur ses oreillers.

— Va-t-en !... — Il ne savait pas lui-même
comment cet outrage avait pu s'échapper de ses
lèvres.

— Jean, c'est moi... C'est moi qui suis venue

te voir... Jean ! Elle sanglotait, tremblante comme ces fleurs que le vent jetait sur eux.

— O mon pauvre petit maigrelet ! O misère ! Oh ! dans quel état... Elle se jeta sur lui, embrassant ses genoux.

Sa dureté fondit sous ces larmes, son visage gardait seulement de la sévérité et de la crainte. Il lui posa la main sur la tête et dit :

— Nasta...

Elle se releva en s'essuyant les yeux.

— Tu t'es entendue avec l'autre pour me vendre, n'est-ce pas ?

Nasta chancela, comme frappée en pleine poitrine.

— Chez Madame ! Je sers chez Madame !

— Alors... tu n'es pas avec lui ?

— Sainte Vierge ! Jean ! Qu'est-ce que tu dis ? cria-t-elle en tirant son chapelet de sa poche. Et une telle épouvante la saisit qu'elle resta muette, pâle comme la mort. Mais lui, aussitôt, il l'avait crue. Ce cri d'angoisse avait traversé son cœur. Il se pencha vers elle :

— Nasta, ma Nasta chérie.

La jeune fille tomba sur sa poitrine et ils s'enlacèrent dans une étreinte éperdue, pleins l'un de l'autre.

— C'est pour toi que je me suis sauvé de là-bas, pour te revoir.

— Oh ! mon Dieu !

— J'étais si triste, si triste.

— Moi, j'ai pleuré toutes les larmes de mes yeux.

— Nasta !

— Jean !

— Tant d'années ! Mais tu ne t'en iras plus. Je ne te laisserai pas partir.

Les moineaux, sous le chaume du toit, avaient des pépiements de rêve. Les merles, dans le parc voisin, les accompagnaient de leurs sifflements.

La chaleur du jour était tombée, la fraîcheur du soir soufflait des champs.

Les arbres se taisaient, songeurs, comme pour écouter les cigognes, qui saluaient le départ du soleil, et les tintements de l'Angélus.

Nasta se mit à genoux, prit son livre et commença :

— L'Ange du Seigneur annonça à Marie...

Jean s'assit, joignit les mains; ils prièrent...

La voix de bronze de la cloche portait l'hymne du repos sur le village muet, sur la campagne embrumée et jusqu'aux bois lointains, qui alignaient au fond de la vallée leurs bataillons puissants. Ils finirent l'Angélus et se turent. Seuls leurs yeux enflammés et leurs âmes se parlaient.

— Ils ne te reprendront plus, dit enfin la jeune fille.

— Non, n'aie pas peur, Nasta.

— Je voudrais t'habiller d'or et d'argent, mon bien-aimé.

— Tu ne me connais pas, Nasta. Nous nous marierons. Tu verras, jamais je ne te toucherai, jamais je ne te dirai de vilains mots. Tu ne travailleras pas. Nous prendrons une domestique pour que tu aies moins de peine.

— Non, Jean, je travaillerai. Je sais tout faire. Tu verras comme je suis laborieuse et l'ordre que je mettrai chez nous. Ta mère ne fera pas mieux. Je sais aussi soigner les cochons et les vaches.

— O ma ménagère chérie ! disait-il en lui caressant les joues.

— Moi, je ne suis qu'une pauvre orpheline ; tu es propriétaire, toi.

— Sotte ! Est-ce que tu me veux ou non ?

— O Jean ! Moi, je ne te voudrais pas ! Et elle lui jetait les bras autour du cou. Puis elle continua d'une voix basse, entrecoupée d'émotion :

— Et Madame a dit que, puisque je l'avais bien servie, quand je prendrais un homme, elle me donnerait une vache avec son veau, une jeune truie, six oies et quelques ustensiles, et aussi une robe pour me marier.

— La dame a dit cela, Nasta, elle l'a dit ?

— Mais comment ! Et plus d'une fois. Il y a une semaine encore, elle l'a répété devant la femme de charge.

— C'est que tu le mérites, Nasta : tu es une brave fille, tu seras meilleure ménagère que toutes ces souillons de par ici. Tu verras. Seulement n'aie pas peur de ma mère.

— O Jean, je l'aimerai comme si c'était la mienne. Sais-tu que Madame dit que la Winkorkowa pouvait faire une dame, elle aussi; qu'elle est plus maligne que toutes les femmes de Prylenk ?

— Elle a dit cela, Nasta ? Ah ! que Dieu la bénisse.

— Oui, même un jour devant l'intendant, quand... elle s'arrêta. Un nuage passa sur le visage du jeune homme qui la regarda fixement et demanda :

— Il ne t'a pas fait de mal, au moins ? Elle rougit.

— Non, non, je me suis plainte à Madame, elle l'a fait venir chez elle, et quand il est sorti, il était furieux comme un chien. Il s'est vengé, ajouta-t-elle tout bas.

Les yeux de Jean flambaient de haine.

— Je le retrouverai, sois sans crainte. Il s'en souviendra... Pour toi et pour moi...

— Fais attention, Jean, il connaît l'administration... Si on te reprenait, je me jetterais plutôt dans un puits.

— Quand je devrais pourrir en prison, je me vengerai.

— Oh ! prends garde, prends garde ! dit-elle, suppliante.

Il ne répondit rien. Le crépuscule les enveloppait déjà. Ils étaient assis l'un près de l'autre, mais leurs âmes étaient loin, effarouchées, comme des oiseaux, par la haine et l'effroi. Une sérénité heureuse flottait autour d'eux dans la brune, et la vie mauvaise venait de remettre sur eux sa main crochue.

Ils restèrent là longtemps sans pouvoir se calmer. Tout à coup la Winkorkowa se précipita dans le jardin. Ils sursautèrent.

— Les paysans t'ont vendu, ils t'ont vendu, murmura la vieille. Je reviens de l'auberge, c'était plein comme tous les dimanches. Ils buvaient. Il y avait des gendarmes. Banak m'a vue. Il était ivre et n'a pu tenir sa langue. Il me crie: Eh ! la Winkorkowa ! Jean est guéri. Il est temps qu'il retourne. Les gendarmes écoutaient, je l'ai remarqué. Et voilà cet ivrogne qui continue, disant que maintenant tous les malfaiteurs pouvaient être tranquilles à condition de payer l'adjoint. Si bien que les gendarmes ont commencé à questionner tout bas. Et les autres misérables n'avaient pas assez d'oreilles pour écouter ! J'étais à moitié morte. L'adjoint m'a prise à part et m'a dit qu'on pouvait faire une perquisition et que... Elle s'interrompit, épuisée.

— Qui était là ? demanda Jean.

— Eh ! Banak, Roubik celui qui demeure à l'autre bout, et Sikora le borgne, celui du milieu, et Wotjek, et tous, tous.

— Banak, Roubik, Sikora, Wojtek, répéta-t-il lentement comme pour mieux graver ces noms dans sa mémoire. Mais soudain une fureur folle le prit, il se mit debout et, se tenant à une branche de l'arbre, il vociféra :

— Qu'ils y viennent ! Mais ses jambes fléchirent, il défaillit et dut s'accrocher au pommier pour ne pas tomber.

— Tais-toi, mon enfant, tais-toi, il faut trouver un moyen.

— Il faut l'emmener d'ici, souffla Nasta en secouant son effroi.

— Où l'emmener, où ?

— Dans les fosses aux pommes de terre, derrière le couvent. Elles sont vides maintenant.

— Attendons qu'il fasse sombre, on le verrait.

Et la vieille s'occupa de Jean qui respirait à peine, étouffé par une toux violente.

— Nasta, va voir devant la maison si personne ne vient.

Elle allait elle-même, par moments, surveiller le pont à travers la haie. La nuit tombait avec une lenteur désolante; enfin elle se fit noire, silencieuse, coupée seulement par les éclats de voix enrouées et les sons de musique qui partaient de l'auberge.

Elles mirent au malade une fourrure épaisse, et le soutenant sous les bras, car il marchait avec une peine inouïe, elles traversèrent la cour et prirent le sentier qui montait au couvent.

Jean devait se reposer presque à chaque pas. Alors la vieille collait son oreille à terre et écoutait.

— Personne devant chez nous.

— Plus vite ! faisait Nasta, impatiente.

— Je ne peux plus, je ne peux plus, bégayait Jean qui s'affaissait de tout son poids sur la jeune fille.

Enfin ils atteignirent les tranchées qu'on avait creusées l'automne précédent au flanc de la colline pour y garder les pommes de terre. La vieille chercha la plus profonde, ramassa une brassée de paille et en fit une litière sur laquelle elle plaça les cousins qu'elle avait apportés. Puis, traînant le jeune homme par les bras et par les jambes, elles le firent glisser dans la fosse béante.

— N'aie pas peur là, mon enfant, ils ne te découvriront pas. Je reviendrai demain matin t'apporter à manger. Je m'en vais, il faut que je sois là-bas quand ces chiens viendront. Nasta aussi doit partir, pour qu'on ne cause pas d'elle au château.

—Mère, mère, ne me laissez pas, criait-il, pleurant comme un enfant et la retenant par le cou, épouvanté par l'ombre de ce trou sinistre. Toi aussi, Nasta, tu pars?

— Je reviendrai quand les maîtres seront couchés. Je reviendrai.

Il ne répondit rien. La fatigue l'avait abattu, mais la mère, en l'embrassant, sentit des larmes sur ses joues.

Elles s'en retournèrent en hâte toutes deux, et arrivées au carrefour où elles devaient se séparer la vieille dit:

— Nasta, si tu le fais prendre, le bon Dieu s'en souviendra.

— Moi! faire prendre Jean! cria-t-elle en sanglotant, mais je sauterais dans l'eau, dans le feu s'il lui...

— Bon, bon, je te crois. Va le voir.

La jeune fille lui embrassa les jambes.

— Je suis à vous, comme un chien.

La vieille lui prit la tête et elles unirent pour jamais leurs larmes et leur amour.

— Ah! qu'il puisse l'avoir un jour pour femme! pensait la Winkorkowa en courant chez elle.

Personne n'était encore venu.

La vieille alluma une lampe et fit soigneusement disparaître toutes les traces du séjour de Jean. Elle se sentait rassurée et récitait paisiblement ses prières. Tout à coup elle pensa à sa locataire et l'appela. Ne recevant pas de réponse, elle ouvrit la porte de sa chambre.

Tekla, son enfant nu sur les bras, était assise devant la cheminée.

— Qu'est-ce que vous avez ?

— Je crois qu'il meurt, dit-elle d'une voix sourde.

L'enfant agonisait. Livide, raide, il battait l'air de ses bras, comme un oiseau blessé. Le feu jetait une lueur sanglante sur son ventre enflé et sur ses jambes inertes.

— Il n'a plus besoin de rien, soupira la vieille.

Tekla fondit en larmes.

— O mon petit, mon pauvre petit !

Et elle le pressait sur son sein comme pour le cacher à la mort.

La vieille se retira, le cœur serré. Elle pensait à Jean. Etait-il mieux, lui, là-bas, dehors, dans cette fosse? Elle n'osait y retourner, car on pouvait venir à tout moment. Son impatience grandissait. Elle sortit sur la route.

Il faisait une nuit morne, étouffante, sans étoiles. Un vent humide soufflait des champs et glaçait son visage enfiévré par l'attente. Elle rentrait, marchait, se heurtait aux murs, puis s'asseyait sur le seuil où elle somnolait, accablée de fatigue.

De la chambre de Tekla partaient des hurlements rauques, suivis d'effrayants silences et de plaintes hébétées.

— Tu me laisses, tu t'en vas vers Jésus, dans le paradis, dans la joie! O mon Dieu, mon Dieu!

Une rumeur étouffée de trépignements et de cris arrivait encore de l'auberge. Des feux piquaient l'horizon noir, et les cantilènes des gardiens de chevaux montaient au loin dans la nuit.

La Winkorkowa demeurait à la même place avec cette seule pensée qu'on allait venir. Personne ne venait. Tout dormait maintenant dans le village. Minuit sonna.

Les coqs se mirent à chanter; le vent avait cessé, une pluie fine commençait à tomber.

Elle veillait toujours, engourdie de froid; ses larmes qu'elle n'essuyaient plus séchaient sur ses joues bleuies. Au petit jour elle revint à elle, eut la force de se mettre à genoux et devant l'aurore pâle qui se dégageait péniblement des nuages, elle pria.

Tekla bondit tout à coup hors de la maison.

— Il est mort ! Au secours, au secours !

Elle s'enfuyait égarée, son enfant dans les bras. La vieille parvint à grand'peine à l'arrêter. Elle s'occupa de l'enfant, tandis que Tekla s'affalait dans un coin.

Elle ne s'aperçut même pas, sur le matin, que des paysans entouraient la chaumière. Les gendarmes entrèrent, le maire et l'adjoint à leur tête.

— Jean Winkorek est chez vous ?

— Cherchez-le, répondit-elle tranquillement.

— Conduisez-nous où il est.

— Je l'ai caché dans mon tablier, vous savez bien qu'il est tout petit ! fit-elle avec une ironie haineuse.

Et elle continua à laver dans un pétrin le cadavre de l'enfant.

Mais Tekla, une bûche à la main, se rua sur les paysans.

— Qu'est-ce que vous voulez ici, chiens enragés ? Rendez-moi mon mari, rendez-moi mon enfant ! Puissiez-vous tous crever sous une haie ! Que votre première bouchée vous empoisonne ! Que Dieu vous maudisse pour tous mes malheurs !

Ils la maîtrisèrent et fouillèrent la maison et les dépendances.

— Cherchez le vent dans les champs, cherchez ! leur criait-elle, forcenée.

Ils revinrent penauds et s'en allèrent en recommandant à la vieille d'avertir à la mairie dès que ce garçon se montrerait.

— Bien sûr, j'y courrai, je vous le mènerai ! grondait-elle entre les dents, tout en les suivant des yeux jusqu'à l'auberge où ils entrèrent.

Elle n'osa pas sortir de la journée, de crainte d'être épiée, quoiqu'il fît un épais brouillard. Le soir seulement, quand la nuit fut tombée, elle prit du manger dans un pot et partit en cachette.

Penchée au bord de la fosse, elle l'appela avec inquiétude. N'entendant rien, elle descendit et tâta, angoissée, dans les ténèbres.

— C'est vous, mère, dit-il, en s'éveillant.

— Soulève-toi un peu.

— Ils sont venus ?

— Oui, ce matin seulement. Je ne suis pas venue, j'avais peur d'être aperçue.

— Nasta était là à midi.

— Que Dieu la récompense.

Elle lui tendit son souper et lui mit une cuiller dans la main. Il mangea.

La fosse était noire comme une tombe. Un relent de terre humide oppressait la poitrine. La pluie clapotait dans le haut et glissait le long des parois.

— Comment vas-tu ?

— Mieux. Ah ! je vous attendais. J'ai pensé m'en aller d'ici.

— Ne bouge pas ! s'écria-t-elle, effrayée.

— Je ne peux pourtant pas rester toute ma vie dans ce trou.

— Guéris seulement...

— Et nous partirons, ajouta-t-il comme se parlant à lui-même.

— Nous partirons. J'ai pensé à tout. Elle lui caressait la tête, l'attirait sur sa poitrine et lui essuyant le visage, murmurait:

—N'aie pas peur, nous serons bien.

— On disait, à l'auberge, qu'il y aura des gens de Wola dans quinze jours.

— Dans quinze jours ! Mais je serai guéri ! criat-il gaiement.

— Allons, à ce soir.

— Et allez au château, et puis chez le curé chercher de ce remède. Apportez-en beaucoup, je guérirai plus vite. Sa voix s'était faite énergique, presque impérieuse, et la vieille eut un frisson de joie, sentant que son garçon reprenait déjà ses forces.

— C'est par là-bas, de l'autre côté de la mer, hein ?

— Comme ça... par là-bas, oui, répéta-t-elle lentement.

— On donne des terrains pour rien.

— Et des bois, et du bétail.

— Si on ne nous en donne pas, nous en achèterons.

— Assurément, mais c'est toujours mieux de prendre ce qu'on nous donne et d'acheter autre chose avec notre argent. La vieille se tut et s'assoupit.

Le bois tout proche grondait; la pluie ruisselait, inlassable, comme si la nuit trouble pleurait le jour perdu.

— Ce qui me peine seulement, dit Jean, c'est qu'on n'aura pas ce que la dame avait promis à Nasta. On ne peut pas nous marier ici, et puis emmener ce bétail...

La vieille ne l'entendait pas. Epuisée de soucis, bercée par le crépitement monotone de l'averse, elle dormait, le dos à la paroi de la fosse. Jean la couvrit de sa peau de mouton et veilla sur elle, à son tour, mais le sommeil le prit bientôt.

Le vent se leva. L'aurore apparut et plongea

son regard rouge, éploré, jusqu'au fond du trou, sur les deux malheureux.

Jean le premier ouvrit les yeux.

— Partez vite, mère. On vous verrait. Vous savez, Nasta m'a dit que le châtelain achèterait peut-être la prairie qui fait un coin dans ses terres. Si vous y alliez ? Il paierait bien, lui.

— C'est vrai. Je n'y pensais pas. Il y a deux ans, l'économe est venu pour en causer.

— Il faut arranger cela très vite.

— Je n'attends plus que Herszlik. C'est lui qui conduit.

— Oui, j'ai vu. Y aura-t-il des gens pour partir ?

Dès l'après-midi du même jour, la Winkorkowa mit ses habits du dimanche et se rendit chez
les châtelains pour leur proposer sa prairie. Toute
troublée par avance d'avoir à traiter d'affaire avec
eux, elle calculait le long du chemin ce qu'ils pour-
raient bien offrir, et ce qu'elle tirerait de la terre
et du reste :

« Six arpents de champs, quand ce serait à 100
roubles...; la prairie, mettons un millier...; maintenant les vaches, les porcs, le veau, les outils...
La chaumière, on la compterait à part...; la grange
aussi. Du reste, la grange, Sulek l'achèterait : il la
voulait déjà le printemps dernier ».

Le château était situé entre le monastère qui
dominait la hauteur et la petite rivière qui baignait
le bas du parc.

C'était une lourde bâtisse, d'un seul étage, posée sur un soutènement de maçonnerie et surmon-
tée d'un toit pointu garni de cheminées décorées.
Une terrasse descendait, par larges degrés, jusqu'aux pelouses que coupaient de petites allées

d'aubépine et de lilas. Des fenêtres, la vue s'étendait sur la campagne de Prylenk, sur la lisière des bois qui fermaient l'horizon et sur le village un peu en retrait dans la plaine.

La Winkorkowa entra dans la cuisine. On lui dit que les maîtres étaient dans la « salle des plantes » et qu'on allait les avertir. Elle resta sur la terrasse, regardant timidement à l'intérieur. Des pas pesants résonnèrent.

— Qu'est-ce qu'il y a ?

— C'est pour les maîtres, fit-elle en reculant, assombrie. L'intendant sortait du vestibule. C'était un gros homme, d'aspect vulgaire, aux moustaches broussailleuses et aux yeux froids de porcelaine.

— Ah ! La Winkorkowa, s'écria-t-il ironiquement. Mes respects. Avez-vous bien caché votre bandit ? C'est moi qui le surveille, vous savez. Et je l'enverrai quelque part où il faudra bien qu'il se tienne tranquille.

— Tout est dans la main de Dieu, répondit-elle.

— Vous avez affaire au château ?

— Ça ne vous regarde pas !

Il fit claquer la porte et il s'éloigna. Elle attendit, appuyée à la balustrade ornée de vases de fleurs, regardant le ciel qui se couvrait.

Un bon moment après, Nasta accourut.

— Monsieur vous appelle.

Puis, baisant la main de la vieille, elle ajouta plus bas :

— Vous y êtes allé ?

— J'y ai passé la nuit. Dieu te bénisse pour ne l'avoir pas oublié.

— Qu'est-ce que je ne ferais pas ? murmura-t-elle en ouvrant la porte vitrée d'une vaste pièce pleine d'arbustes verts.

Les châtelains étaient assis auprès d'une table ronde, sur des berceuses.

La Winkorkowa les salua dès l'entrée, la main vers la terre, à la mode paysanne, et se mit à exposer le but de sa visite.

— Entendu, je vous achète la prairie. A l'automne le géomètre sera là. Il l'arpentera.

— Monseigneur, je voudrais la vendre tout de suite.

— Si pressée ! Mais vous ne partez pas, dites-moi ?

— J'ai besoin d'argent immédiatement.

— Allons, allons, vous n'êtes pas encore morte.

— Eh ! qui sait le jour ou l'heure ? Qui sait...

Et soudain son orgueil fondit. Quelque chose lui serra la gorge et des larmes brillèrent dans ses yeux.

La châtelaine, qui avait le cœur pitoyable, se leva en sursaut:

— Qu'avez-vous ?

— Rien. Quelque chose là qui me fait mal... si mal — et les mots s'étranglèrent dans ses sanglots. Les châtelains étaient tout troublés.

Et le dos à la cloison, elle pleurait. Son foulard avait glissé de sa tête grise sur ses épaules et laissait ressortir les traits aigus de son visage noble, mais tellement fripé, noirci, rongé par la douleur qu'il avait l'expression d'un masque tragique. Les larmes qu'elle ne pouvait retenir arrachaient de son âme l'histoire de sa peine. Elle était tombée à genoux, leur embrassait les jambes, leur contait, d'une voix brisée, toutes ses souffrances, toutes ses angoisses de mère.

Elle n'avait personne devant qui s'épancher, mais aux maîtres elle disait tout; car ils ne la perdraient pas, bien sûr, la pauvre vieille !

Et comme la châtelaine était une très sensible dame, elle se sentait délicieusement bouleversée et les larmes mouillaient ses yeux de saphir :

— Une Niobé ! Une Niobé des champs ! murmurait-elle en français. Quel visage pétrifié, quel pose ! Quels tons sur ces cheveux, sur cette figure frappée comme dans du vieux cuivre ! Est-elle superbe dans ce mouvement accablé ! Merveilleuse !

Merveilleuse ! Continuez… pleurez ! s'écria-t-elle, en extase, et elle apporta un grand appareil, car elle faisait de la photographie et de la peinture avec passion, mais elle préférait de beaucoup la photographie.

La Winkorkowa ne comprenait rien à ce qui se passait. Elle continuait à pleurer doucement, tandis que la dame prenait plusieurs clichés coup sur coup, et lorsqu'elle se fut un peu remise, le châtelain dit avec bienveillance :

— J'oubliais que je n'ai pas le droit d'acheter aux paysans. C'est dommage. J'aurais acheté votre bien, il touche mes domaines de toute sa longueur.

— Vous le pouvez, Monseigneur. Ma terre n'est pas sur le registre.

— Comment cela ?

— C'est le père de Monseigneur qui l'avait donnée de bonne grâce à mon défunt. Il y a des papiers là-dessus.

— Je n'en savais rien.

— C'est mon homme qui a emmené le père de Monseigneur dans les pays étrangers et qui l'a soigné quand il était malade. Oh ! Monseigneur était encore tout petit à la mamelle… Moi, je suis restée seule… avec mon Jean, toute seule.

Et elle se remit à pleurer. Le châtelain, très ému, se promenait nerveusement par la pièce.

— Ne pleurez pas, la mère. Je ferai ce que vous voudrez. Je vous achète votre champ et tout, immédiatement. Vrai, je ne savais pas que nous vous devions tant. Il me semble pourtant me rappeler à présent ce que ma mère me racontait avant sa mort... J'étais bien petit, j'avais huit ans.

Les larmes lui vinrent aux yeux; il s'écria tout à coup:

— Mais c'est que nous ne nous connaissions pas du tout !

— Assurément. Mais que voulez-vous? Toujours dans le monde, dans vos affaires... comme chacun.

Ils s'entendirent si bien que lorsqu'elle sortit, la châtelaine lui donna une bouteille de bon vin et un gâteau pour Jean, tandis que le châtelain promettait qu'en trois jours l'acte serait dressé et le prix payé.

Ils la reconduisirent tous deux jusqu'à la porte du parc.

— Que Dieu vous bénisse dans vos enfants, votre fortune et votre bonheur! Vous êtes si bons; si bons, balbutiait-elle grisée de joie.

Et elle fit le tour derrière le monastère pour aller retrouver Jean, lui raconter sa visite et lui donner de ce bon vin. Il écoutait, tremblant de bonheur.

— Il faut faire dire une messe pour eux.

— Oui, dès que nous aurons l'argent.

— J'irai, moi, à cette messe.

— Ah ! bien oui, pour qu'on te voie ! cria-t-elle effrayée.

— Bah ! dès que j'irai mieux, je ne craindrai personne.

Elle ne répondit pas, de peur de le contrarier, mais en s'en allant, elle dit :

— Fais ta prière, Jean, tu deviens trop fier, mon enfant.

Mais elle aussi reprenait courage. Elle rentra chez elle, la tête haute, et se mit avec ardeur au travail. Néanmoins des pensées tristes lui revenaient par moments. Elle regardait sa maison avec une sourde inquiétude. Faudrait-il donc la quitter pour jamais ? Et par dessus la clôture, elle plongeait les yeux très loin dans la campagne, sentant en elle comme le tiraillement douloureux d'un arbre qu'on déracine.

— Bah ! on ne meurt qu'une fois, murmura-t-elle avec détermination. Arrivera ce qu'il pourra. Et pour se donner du cœur, elle engagea Tekla à partir avec eux.

— Et quand le mien reviendra, quoi ? répondait l'autre, habillant le petit enfant qu'on allait enterrer.

— Il nous rejoindra.

— A quoi bon ? J'ai tout vu. Plus de mari, plus d'enfant, plus de terre ! La truie que j'avais de vous, je l'ai vendue pour envoyer un peu d'argent à mon homme. Je ne veux plus penser à moi, pauvre abandonnée... seule, tenez, comme ce poteau.

Le sacristain arriva ; il cloua la petite bière, la mit sous son bras et la porta devant l'église. Le curé sortit sous le porche, récita quelques prières, jeta une goutte d'eau bénite, puis le sacristain passa une corde autour de la bière, la chargea sur son dos et prit la croix dans l'autre main.

On s'achemina vers le cimetière. Une pluie fine, obstinée, tombait.

Quelques femmes se réunirent au cortège sur la route défoncée, pareille à un bourbier. Leur chant, rabattu par la bruine, s'écrasait sur les blés noircis et les fleurs mouillées des buissons. Le cimetière était désolé. Sur les croix ruisselantes, sur les tombes envahies par les joubarbes, les arbres trempés s'affaissaient, frissonnants. Quelques corneilles s'enfuirent au bruit.

La fosse était prête. Le sacristain y fit glisser la bière qui gémit au bout de la corde, et tomba en faisant clapoter l'eau qui s'était amassée au fond. Puis il se mit à la remplir hâtiment.

Alors Tekla se jeta sur la terre détrempée.

— Oh ! malheureuse ! malheureuse ! Ni homme,

ni bien, ni consolation ! Et tu me prends celui-là, mon doux Jésus ! Il est parti, parti, il me laisse seule...

Elle gémissait, pâmée de douleur, accompagnée des soupirs des femmes agenouillées dans la boue, du frémissement des bouleaux blêmes, du choc sourd des pelletées de terre, du grésillement de la pluie qui rayait sans fin l'air verdâtre.

On finit vite et on partit.

A mi-chemin de sa maison, la Winkorkowa rencontra l'adjoint. Il l'accompagna.

— Je sors de chez vous. Vous veniez de partir pour le cimetière.

— Oui, nous avons enterré l'enfant de Tekla, vous savez ?

— Qu'il en périsse donc le plus possible, de cette graine de voleur !

— Oui, oui, faisait-elle, absorbée dans ses pensées.

— Je venais pour cette terre...

— Quelle terre ? dit-elle avec embarras.

— La vôtre, parbleu ! Je l'achèterai. Mais, comme je suis bon chrétien, je ne veux pas vous faire du tort. Autant vendre aux siens, n'est-ce pas ? Nous sommes un peu parents. Votre mère était la tante de mon père... Vous y pensiez ?

— J'y pensais, j'y pensais... dit-elle, de plus en plus troublée.

— Et il faut à tout prix que vous vendiez. Vous ne voulez tout de même pas rester seule ici. Jean doit partir au plus tôt. J'ai beau être fonctionnaire et faire tout mon possible, je ne gouverne pas, moi !... C'est entendu, vous me la vendez ?

Elle ne répondit rien et pressa le pas.

— Je vous paierais argent comptant. Vous auriez de quoi partir... Allons, ça y est ?

— C'est que, voilà... j'ai presque vendu, dit-elle très vite.

— Vous avez... ? A qui ?

— Au châtelain.

— Vous avez vendu au châtelain ! Ah ! c'est ça ! cria-t-il enragé de dépit. Attendez ! et moi qui passais la nuit à l'auberge pour retarder la perquisition ! Moi qui veillais sur lui comme sur mon propre fils. Et vous avez fait cela ? Vous allez vous acoquiner avec les maîtres, que les maîtres vous défendent maintenant, guenon de château ! vieille grimacière !... La fureur l'aveuglait.

— Tais-toi, criminel ! cria-t-elle, exaspérée.

— Tais-toi toi même, voleuse !

— Moi, voleuse ? moi ?

— Oui toi, vieille, toi !

— Ah ! fripon, bandit, meurtrier, qui est-ce qui a tué le garde dans le bois ?

— Tu l'as vu, enragée, tu l'as vu ? rugit-il, les poings menaçants.

— Et qui est-ce qui a mis le feu chez le forgeron ? Pas toi, peut-être ?

— Ah ! sorcière d'enfer, je te ferai taire, je te fermerai la bouche.

— Ferme, essaye, il y a encore des tribunaux, il y a encore une justice. Je te retrouverai.

Ils s'escrimaient des pieds, des dents et des ongles, tant qu'on dut les séparer. L'adjoint avait le visage en sang et le fichu de la Winkorkowa traînait, déchiré, dans la boue. Les femmes emmenèrent la vieille chez elle, tandis que le fonctionnaire vociférait, étranglé de rage:

— Tu t'en souviendras toute ta vie. Tu hurleras comme une chienne, quand on mettra les fers à ton garçon et qu'on l'emmènera en Sibérie !

Tout allait, à Prylenk, son train accoutumé.

Après quelques giboulées printanières, le soleil reparut et sécha les routes et les champs. Le temps s'était décidément mis au beau. Tout le village vivait maintenant dehors, les uns poussant leur charrue, les autres achevant de planter les pommes de terre ou de semer les légumes potagers, d'autres creusant des rigoles pour faire dériver les eaux des terrains bas. De tous côtés reprenait l'âpre labeur de la terre. Mais à la différence des années précédentes, l'animation, l'entrain, les chansons manquaient.

Le paysan, soucieux, taciturne, vaquait machinalement à sa besogne, traînait son pas lourd, arrêtait soudain ses chevaux, regardait au loin, les bras ballants, et l'on entendait d'un labour à l'autre:

— Vous savez, il y en a six de Biezyody qui sont partis hier au Brésil.

— Vraiment ! Et l'on dit que la moitié de Malowana Woda se met en route.

— Encore ce sont des métayers, mais trois propriétaires de Gorka ont vendu leurs fonds.

— Qu'est-ce qui va sortir de tout ça, seigneur ?

— Qu'est-ce qui va en arriver ?

— Dieu veut punir les gens : il leur prend la raison.

— Perdu, le pauvre monde !

— Etes-vous si vieille pour être si bête ? Pourquoi voulez-vous qu'ils soient perdus ?

— Eh ! si loin, à l'inconnu ! On dit que personne ne comprend notre langue là-bas ; la religion n'est pas la même; il y fait si chaud qu'on n'a qu'à planter un pot de pommes de terre dans le sable, et elles sont cuites. Et puis, sur la mer, on dit...

— Mais tout le monde ne passe pas la mer.

— Il y en a qui vont chez les Allemands.

— Et il n'y a pas de travail chez nous ? Des paresseux, des coureurs, des ivrognes, voilà ce qui va faire la débauche et se perdre par là-bas !

— Dites donc, Antony, si vous avez le fléau aussi bon que la langue, je vous loue pour mon battage et je vous donne ce que vous voulez.

— Ayez d'abord quelque chose à battre, l'ami ! Hue ! Dia ! et l'autre faisait claquer son fouet en haussant les épaules.

— Vous parlez de travail ici, criait une voix

dans le champ voisin, où ça ? Chacun en ferait deux fois plus qu'il n'en a; pas besoin de prendre de journalier. Au château ? Ils y vont assez, les malheureux ! Ça pioche, ça peine et ça attend sa paye jusqu'à la Noël, même jusqu'au printemps.

— Vous ne voudriez pas peut-être qu'ils aillent dépérir dans les fabriques ? Il faut de la terre à nos gens, voyez-vous. On en donne au Brésil, ils y vont...

— Pourquoi n'y vivrions-nous pas tout comme les autres ? Et puis travailler pour travailler, mieux vaut se mettre chez des Allemands, on est payé au moins, on est bien traité et on voit le monde.

— Il a raison, faisaient les autres.

— Tous ceux qui reviennent de Prusse rapportent de l'argent.

— Et habillés comme des seigneurs.

— Si tout cela n'est pas un châtiment de Dieu ! grommelait seulement quelque vieille, scandalisée.

De semblables entretiens s'entendaient tous les jours, par les champs, dans les chaumières, sur les routes, partout où les gens se rencontraient. Et tous les jours aussi Herszlik apparaissait dans quelque village, réunissait les paysans en cachette et leur parlait de la Prusse et du Brésil. Son courtage portait des fruits. De semaines en semaines des bandes de fugitifs, jeunes et vieux, femmes et enfants, passaient les bois, pendant la nuit, chargés de leur misérable bagage et accompagnés de quelques parents en larmes. Les sermons des curés, l'influence des châtelains, la surveillance de la police ne servaient de rien. Les populations se soulevaient en maints endroits, éblouies par les promesses d'un sort meilleur, enflammées par la curiosité de nouveaux pays.

Tout Prylenk vivait désormais dans une fièvre d'émigration, au milieu de causeries mystérieuses sur les absents et les mondes inconnus.

On avait oublié Jean. Guéri depuis quelque temps, il cessait de se cacher, et se montrait déjà en divers lieux.

Tantôt les bûcherons l'avaient vu dans la forêt, tantôt les pâtres, sur les prairies, tantôt les gens du château, dans le parc. Bientôt il vint au château et traversa le village en plein jour, saluant hardiment les gens, les regardant dans les yeux. Son audace finit par en imposer.

— Eh ! qu'il se promène ! disait-on, quel mal a-t-il fait ? A-t-il tué ou volé ? La belle affaire qu'il ait mis sa fourche dans les côtes de l'économe ! L'autre aurait dû laisser sa bonne amie tranquille.

— Il devrait bien maintenant faire payer à cette brute pour lui et pour nous tous. Ainsi, moi, il m'a

pris ma cognée dans le bois; tout de suite devant
le tribunal ! J'ai payé quinze roubles. Et qu'est-ce
que j'avais coupé ? Un pin gros comme le bras !
Ah ! la charogne ! Que Dieu lui donne une mauvaise mort !

— Moi je ne suis pas un Judas, pour trahir ce
garçon.

— Bien sûr, et puis crois-tu qu'il pardonnerait ?

— Attends qu'il te pardonne ! Ah ! l'enragé !

— Il a été deux ans en prison, il sait ce que
c'est.

— Oui, oui, avec des êtres pareils, il ne s'agit
pas de casser les œufs.

Voilà ce qu'on disait de Jean dans le village; et
lui, sûr que personne n'oserait le dénoncer, ne se
montrait que de plus belle, si bien qu'un jour, sur
la route, il finit par rencontrer l'adjoint.

La bouche de fouine du vieux paysan se contracta
comme pour mordre. Il se jeta sur le jeune homme.

— Ne bronche pas, chien, ou je te casse les jambes ! grommela l'autre en reculant.

— Scélérat ! Tenez-le ! Garçons, amenez des
cordes ! Attrapez-le ! criait l'adjoint de toutes ses
forces. Mais tout le monde s'était caché derrière les
angles des maisons.

— Adjoint, mon ami, passez votre chemin, ne
commencez pas ! supplia Jean.

— A la mairie ! En prison, voleur ! et il s'élança de nouveau.

Jean perdit patience. D'un grand coup sur la tête il l'étendit par terre, le bourra de coups de pied dans les côtes et s'en alla tranquillement.

On emporta l'adjoint chez lui; il y resta plusieurs jours sans bouger. Les paysans ne l'épargnaient pas:

— On dit que le gars vous a battu. C'est vrai ?

— Ah ! le gueux ! N'avoir pas plus d'égards pour une personne honorable !

— Taper sur un fonctionnaire comme sur un vieux pot !

— C'est qu'une femme n'aurait pas mieux fait avec son battoir.

L'adjoint ne disait rien; mais, à peine rétabli, il courut d'un trait à la mairie où il conféra longuement avec l'intendant.

Et le dimanche suivant, à la porte de l'église, on annonçait, au battement du tambour, que « quiconque saisirait Jean Winkorek et l'amènerait aux bureaux de la commune recevrait cinquante roubles de récompense ».

— Une belle somme ! disait-on dans les groupes. Mais est-ce qu'on la paiera bien ?

— Pour un brigand pareil ! Jusqu'au dernier kopek ! répondait l'adjoint.

Pendant plusieurs jours, le village ne parla pas

d'autre chose. Personne ne songeait à dénoncer Jean, mais cinquante roubles, quelle fortune ! Tel des plus cupides, supputait déjà le parti qu'on pourrait tirer de cet argent et devenait tout songeur.

L'adjoint, de son côté, ne restait pas inactif. Son âme s'était envenimée d'une telle haine qu'il passait ses journées à boire, au cabaret, excitant l'avarice et la défiance des paysans, et la nuit il suivait les traces de Jean, comme un loup.

— Si on offre tant d'argent, ça doit être un coquin, commençait-on à dire.

— C'est vrai qu'il aurait pris deux chevaux au château de Wola ?

— S'il n'y avait que ça ! Mais à Kozielki, paraît-il, on avait refusé de le recevoir la nuit. Il a mis le feu à une grange, la moitié du village a brûlé.

— Oui, oui, c'est vrai. Les gens sont venus à la mairie et ils disaient que quelqu'un avait mis le feu.

— Ah ! le brigand ! l'incendiaire !

Il n'y avait pas, bien entendu, un seul mot de vrai dans tout cela. Mais, à la même époque, il arriva qu'une bande d'émigrants qui passaient en cachette la frontière furent pris et ramenés en prison. L'adjoint cria aussitôt que c'était la faute de Winkorek et tout le monde en fut convaincu.

La Winkorkowa s'aperçut bien du changement. On la fuyait comme une pestiférée ; et lorsqu'elle traversait la rue, des voix injurieuses la suivaient : — Mère de voleur !

— Les hommes sont comme les cochons, ils dévorent tout ce qu'on leur jette ! pensait-elle avec amertume, désolée par tant d'injustice.

Mais ses préparatifs de départ lui faisaient tout oublier. Elle avait conclu le marché avec le château et vendait peu à peu le reste de ses meubles. Herszlik devait venir bientôt. Elle l'attendait impatiemment, craignant la vengeance du village et plus inquiète encore du tempérament fougueux de son fils.

— S'il rencontre les gendarmes, il leur tiendra tête, vous verrez, il ne se sauvera pas. C'est un garçon comme ça, le portrait de son père ! disait-elle à Tekla, tremblante à la fois de peur et de fierté.

— Oui, c'est un luron. D'un seul coup il a étendu l'adjoint sur la route, un bel homme pourtant. Ah ! le gaillard !

— C'est une grande consolation que Dieu m'a donnée là, Tekla.

— Et souple, et leste ! continuait Tekla, extasiée.

— Ah ! s'il est leste, mon enfant chéri, s'il est leste !

— Dès qu'il regarde seulement une fille, elle frétille comme une pouliche.

— Comment voulez-vous qu'elles y tiennent, il est gentil comme une image, ce garçon !

— Quand il passe à côté de vous, vous avez des fourmis sous la peau.

— Il n'y en a point comme lui, Tekla, conclut la vieille en se redressant.

— Point comme lui, répéta Tekla plus bas, et elle baissa la tête pour cacher son visage brûlant et ses yeux enflammés. Depuis qu'elle avait revu Jean guéri, elle ne comprenait plus rien à ce qui se passait en elle.

Elles se turent lorsqu'il entra.

— Que fais-tu, mon enfant, tu te montres au grand jour ?

— Laissez donc, mère, il ne m'arrivera rien.

— Et l'adjoint qui te guette jour et nuit comme un épervier.

— Qu'il vienne !

— Il viendra, et avec tout le village.

— Avec tout le village ! cria-t-il, blême de fureur. Qu'ils viennent me prendre, je les attends. Je ne laisserai pas une pierre dans tout Prylenk !

— Jean ! Dieu t'en garde ! Jean !

— Ils sont comme des chiens enragés. Pourvu que ça morde... grommela Tekla.

— Ne dites pas de bêtises, vous ! fit-il brusquement, et il s'assit devant l'écuelle que sa mère avait posée sur la table.

Tekla ne répliqua rien: elle le regardait. Elle regardait cette épaisse chevelure qui lui tombait sur le front et qu'il rejetait d'un mouvement de poulain qui s'ébroue; ces joues brunes, ce grand nez droit, ces yeux pétillants, ces lèvres rouges et charnues qui découvraient des dents blanches de jeune chien... elle regardait et son âme s'emplissait d'une douceur étrange et d'une souffrance aiguë; tout son sang affluait à son cœur, toutes ses larmes montaient à ses yeux... Elle se leva d'un bond et s'enfuit.

— Un moustique l'a mordue, dit-il en regardant tour à tour son écuelle et la fenêtre.

— C'est depuis la mort de son petit que ça la prend. Quand partons-nous ? ajouta-t-elle à voix basse.

— Dimanche. Je n'attends plus le juif. Je me suis entendu avec un contrebandier.

— Dimanche ? Mais c'est dans deux jours !

— Après-demain.

— Mon Dieu ! Dimanche déjà !

Et elle se mit à pleurer.

— N'ayez pas peur, mère, nous partons avec Nasta, nous avons de l'argent. Qu'est-ce qui nous manque ? Ne vous faites pas de peine sans raison. Vous serez là-bas plus grande propriétaire qu'ici,

— Alors c'est dimanche qu'il faut partir ? répéta-t-elle, ne pouvant pas le croire.

— Dans la soirée. Le contrebandier nous conduira.

La vieille étouffait ses pleurs, mais son angoisse grandissait devant ce moment inévitable qu'elle croyait encore bien loin. Jean, lui aussi, sentit un malaise le gagner. Il finit son écuelle, regarda sa mère, prit un morceau de pain dans sa poche et partit.

Il errait comme un chien sans maître à travers les champs et les bois, envahi malgré lui d'attendrissement et de regret.

— Bah ! On ne meurt qu'une-fois. Advienne que pourra, se disait-il pour chasser son chagrin.

Il se couchait dans les sillons, y restait des heures entières, à contempler le ciel, à écouter le bruissement sec des blés qui se penchaient sur lui, le chant des alouettes, le bruit lointain du village, le bourdonnement des insectes. Il s'enfonçait dans cette terre molle et chaude, cette terre à lui, cette terre chérie, et fondait en larmes, soudain, comme un enfant.

Le lendemain samedi, au matin, il se glissa inaperçu dans la chaumière et regarda, les yeux secs, sa mère qui donnait à Tekla les ustensiles qu'elle ne pouvait ni vendre ni emporter. La vieille rôdait dans

tous les coins, les paupières gonflées à force de pleurer.

— Tekla, prenez encore ces bancs, prenez tout
le reste, tout... criait-elle en tirant fiévreusement
les meubles au milieu de la chambre.

Tekla prenait, sans témoigner de joie, entassant
avec indifférence ces richesses qui lui tombaient du
ciel; le don même d'une énorme couette ne mit pas
un tressaillement sur sa face de plomb.

— Il faut que je voie Nasta, que je lui recom-
mande de bien s'éveiller à temps, dit Jean tout à
coup. Il saisit sa casquette et partit.

Il fit le tour derrière le couvent, escalada le mur
du parc et se cacha sous des sapins dont les branches descendaient jusqu'à terre. Après un long moment il aperçut Nasta qui montait à la terrasse. Il sif-
fla : c'était le signal convenu. Elle fut bientôt
auprès de lui.

— Nàsta, c'est demain, à la pointe du jour. Ne
dors pas trop longtemps.

— Ah ! qu'il me tarde ! Je n'y tiens plus.

— Tu n'as pas peur ?

— De quoi ? Ne serai-je pas avec toi et ta mère ?

— Bien, ma chérie. Et tu sais, celui qui va nous
conduire m'a dit qu'aussitôt la frontière passée,
nous pourrions nous marier. Ne t'inquiète pas, tu ne
risqueras rien auprès de moi.

— Je sais, mon Jean, tu es si bon.

— Et tu as dit, n'est-ce pas, à Madame que c'était lundi seulement ?

— Je l'ai dit. Madame m'a donné dix roubles et une croix en or, celle-là.

Elle se détourna un peu et tira de son corsage une petite croix pendue à un ruban noir.

— Dieu la bénisse !

— Madame m'a donné encore ce livre. Il paraît que tout y est écrit : comment, par où partir, combien payer, chez qui s'adresser dans cette Amérique, tout. Et il y a là une peinture où on voit les montagnes, les rivières, les routes. Madame m'a tout montré, et elle m'a appris.

— Je le verrai après.

— Est-ce que tu t'y connais ?

— Ah ! Dieu, le curé m'a donné assez de coups de canne pour que je m'y connaisse ! On m'apprenait aussi là-bas...

Il ne voulut pas dire où.

Une voix appela du château:

— Nasta !

— Il faut que je parte ; j'étais sortie ramasser des groseilles pour le cuisinier.

— Rappelle-toi bien ! A l'aube, quand les coqs chanteront la deuxième fois. Ne prends sur toi que ce que tu as de mieux. Ne regrette rien. Je t'achèterai de plus belles choses... Chez ma mère, n'est-ce pas ?

— Oui, à l'aube... Mais je prendrai mes chemises, et ce jupon de Madame, et ce grand fichu qu'elle m'a donné aussi, et mon corsage chaud, parce que, s'il fait froid...

— Bien, bien, mais réveille-toi.

— Si je me réveillerai ! O mon adoré !

Elle lui jeta ses bras autour du cou, mais ils se séparèrent bien vite, car les cris redoublaient sur la terrasse.

Jean quitta les sapins, longea en rampant une vieille allée de charmes, et il atteignait déjà le mur lorsqu'à un détour il se rencontra nez à nez avec l'intendant.

— Ah ! ah ! nous voilà, petit frère !

La terreur le paralysa. D'un bond il pouvait être de l'autre côté du mur, et il restait, cloué sur place par les yeux flambants de son ennemi. Un coup de bâton à la tête le fit revenir à lui. Son sang bouillonna. Le souvenir des outrages subis l'embrasa de haine et de vengeance. Il s'arc-bouta comme un loup devant sa proie, et fondit sur l'intendant. Une lutte courte, affreuse, s'engagea.

Les cris de l'intendant s'étouffèrent dans un râle. Jean l'avait empoigné à la gorge. Ils roulèrent à terre en se mordant. Dans un tournoiement furi-

bond de pieds, de poings, de hurlements, de blas-
phèmes, ils faisaient voler le gravier.

Jean se sentit faiblir. D'un effort désespéré il
s'arracha de l'étreinte de l'intendant et de ses deux
genoux lui défonça la poitrine. L'autre vomit le
sang dans un hoquet et retomba inanimé.

Les domestiques accoururent. Jean n'était plus
là. Il filait comme un cerf vers les bois.

La nuit était chaude, paisible.

De pâles étoiles brillaient dans les gouffres du ciel, et, de la terre embrumée, le chant des rossignols montait, accompagné par le chœur des grenouilles. Le village dormait, sans haleine.

Seul il veillait.

Lorsqu'il fût bien sûr que personne ne le verrait, il sortit de la cachette où il s'était réfugié après sa fuite du parc. Pas une lumière, pas une voix.

L'aurore était encore loin.

— Demain, pensa-t-il, dans quelques heures... et après, le monde, le vaste monde...

Comme en rêve, il se rapprocha du monastère et prit la route du village. Il marchait lentement, au plein milieu, ne sachant plus où il allait, oubliant tout danger.

Par les fenêtres ouvertes des chaumières des ronflements s'échappaient, et de place en place dans les jardins blanchissaient des formes vagues.

Il regardait chaque porte, chaque maison de l'air étrange d'un homme qui ne peut plus rentrer en lui. Il s'appuyait aux clôtures de pierre, s'arrêtait un moment et reprenait sa marche appesantie.

Parfois un chien grondait en somnolant, un cheval remuait dans son écurie, des volailles battaient de l'aile dans une basse-cour, puis un tel silence se faisait qu'il jetait les yeux autour de lui, effrayé.

Sa pensée était absente. Il sentait le choc de son cœur, pris de la même défaillance qu'il se souvenait avoir éprouvée une fois déjà dans sa vie. La dernière maison dépassée, il s'assit au bord du chemin sous une vieille croix sans bras, et contempla, hébété, les champs fumeux.

Un bon moment après le premier chant des coqs, les étoiles se troublèrent et bientôt, à l'Est, le bleu foncé du ciel s'éclaircit. C'était de là-bas que venait le soleil, il était encore loin... loin. Jean restait immobile, engourdi par une torpeur de demi-sommeil et de demi-veille, s'enfonçant de plus en plus dans le vide qui se creusait en son âme.

Le jour arrivait. Les brouillards tombaient peu à peu. La plaine devenait toute grise, les masses des arbres et des habitations toutes noires.

Jean se leva machinalement et revint chez sa mère, par le village. Il distinguait déjà dans les cours les portes entr'ouvertes des granges et les gens qui dormaient.

Tout se taisait encore. Il croyait entendre la rosée s'égoutter de feuille en feuille.

La vieille était assise sur le seuil, son chapelet à la main. Nasta sommeillait sur un banc.

— Il est temps, dit-il d'une voix sourde.

— Il est temps, répéta la vieille. Elle réveilla Nasta. Ils prirent leurs paquets sur le dos et sortirent.

Tekla s'épuisait à pleurer. Le chien tirait sa chaîne en glapissant. Jean le détacha, mais au lieu de les suivre, il s'enfuit sur la route et se mit à hurler.

Ils traversèrent la cour et se dirigèrent, à travers champs, vers la forêt.

Aucun d'eux ne soufflait mot, ne se détournait pour revoir la maison, ne se plaignait; mais une main, de temps en temps, passait caressante sur les épis, et une poitrine frémissait du frémissement des moissons.

Et le vent d'Ouest, en berçant les blés, les inclinait jusqu'à leurs pieds. « Restez, maîtres, restez ! » murmuraient-ils en pleurant leur rosée.

Et les poiriers sauvages tendaient leurs bras noueux. Et les clartés roses de l'aurore faisaient des gouttes d'eau autant de larmes sanglantes.

Ils marchaient, ils couraient, comme des malfaiteurs qui s'évadent, muets de détresse et d'effroi.

Mais quand ils furent au carrefour où le Christ, sur la croix, étendait son corps sacrifié, la force leur manqua et ils tombèrent à genoux avec des sanglots déchirants. Puis ils s'assirent pour se reposer.

— Je ne te verrai plus, mon pays, ma terre ! disait la Winkorkowa. Je ne te verrai plus... — et ses yeux troubles embrassaient d'un long regard le village et les champs, tout ce monde à elle, sur lequel luisait le jour ; ils s'emplissaient de cette vision qu'elle emportait dans son cœur comme un dernier sacrement, comme un suprême viatique pour sa route lointaine.

Il était temps, il fallait partir, mais les deux femmes ne finissaient pas leurs adieux; prosternées sur la terre maternelle, elles baisaient son sein sacré.

—Allons, mère ! Allons, Nasta ! Voilà le jour, on va nous voir, criait Jean impatienté.

Enfin, sous le couvert du bois, ils parvinrent à la fosse où Jean s'était déjà caché. C'était là qu'ils devaient attendre le guide. Et comme ils étaient rompus de fatigue, ils s'endormirent d'un lourd sommeil.

*
* *

Ils s'éveillèrent assez tard. Les cloches sonnaient pour les vêpres.

La vieille dénoua son paquet, et ils se mirent à manger, car ils avaient grand'faim.

— Les vêpres sonnent, dit-elle.

— Le contrebandier tarde bien.

— Est-ce un homme sûr, mon enfant ?

— Mais oui. Comme garantie, il m'a donné dix roubles.

Ils continuèrent à manger en silence, tout en regardant le carré de ciel que découpait l'orifice du trou.

Soudain Jean se leva en sursaut. Des voix retentissaient au-dessus d'eux.

Il prit son bâton, se haussa sur la pointe des pieds et écouta.

— Beaucoup de monde... Ils approchent. Taisez-vous ! Il se baissa brusquement.

— Les paysans, des gendarmes, une battue... C'est pour moi... Restez là, vous autres, ne bougez pas avant la nuit... Moi, je vais sortir.... La forêt est à deux pas, il faut que j'y parvienne coûte que coûte... Une fois là, on ne me trouvera pas. Je vous attendrai près de l'auberge, au croisement... Les voilà ! Ils cherchent dans les fossés. Oh ! Et il se recroquevilla, frissonnant. Les deux femmes, muettes de peur, se serraient contre lui. Ils écoutaient les piétinements sourds et les voix qui se rapprochaient.

Jean, tout à coup, boutonna sa capote, se dressa et regardant en l'air :

— Près de l'auberge, souvenez-vous... puis d'un bond il fut dehors.

Il s'arrêta, chancelant, ébloui par la lumière. Des clameurs furieuses partirent autour de lui.

— Tenez-le ! Attrapez-le !

Une troupe compacte de paysans armés de grands bâtons, montaient la colline, lui barrant le chemin de la forêt ; d'autres le cernaient par derrière.

« La forêt ! » se dit-il dans un éclair de résolution, et, son gourdin en avant, il se rua sur cette muraille humaine. Il la creva d'un seul élan et une dizaine de corps tourbillonnèrent sur la pente, mais il fut happé au passage et broyé sous une grêle de coups.

Des ongles et des dents il se dégagea et fit volte-face vers le village, car il avait vu de nouveaux renforts déboucher sur la lisière.

Il volait comme l'ouragan, comme la bête qui fuit la curée.

« Le village... derrière les granges, quelques champs... la forêt ! »

Un vent de folie l'emportait, mais il sentait ses forces s'épuiser petit à petit, le souffle lui manquer, les herbes accrocher ses pieds.

— Attrapez-le ! Attrapez-le !

Il ne se rendait plus compte de la distance des voix.

Une branche lui flagella le visage. « Les jardins », pensa-t-il.

Il ne voyait plus rien, le sang lui noyait les yeux. Il se retrouva étendu le long d'une grange.

De l'autre côté des maisons, les paysans dévalaient un sentier.

Alors une affreuse apathie l'envahit, un découragement sans bornes ; tout lui devint indifférent. Inerte, comme ligotté par ses muscles raidis, il regardait d'un œil stupide les silhouettes encore lointaines qui dansaient à travers les arbres.

Puis, comme il essuyait sa figure meurtrie, une peine atroce lui tordit le cœur, et il pleura.

Tout à coup une clameur formidable emplit d'échos les jardins.

Les paysans étaient à trente pas de lui.

En une seconde il fut debout, possédé d'une furie de vengeance.

— Je ne pardonne pas ! gronda-t-il, et, arrachant une poignée de chaume, il frotta une allumétte et lança la paille enflammée sur le toit.

Le feu jaillit.

— Je ne pardonne pas ! répéta-t-il, et, comme

suffoqué d'une joie féroce, il longea lentement les murs, se jeta dans les blés à quatre pattes et rampa vers la forêt.

La poursuite avait cessé. Au bout de quelques minutes il se retourna.

La grange n'était qu'un brasier, les bâtiments voisins flambaient.

— Ils se souviendront de moi, les charognes ! grommela-t-il en avançant plus vite.

Un grand cri monta au-dessus du village et traversa la plaine, jusqu'à lui.

— Au feu ! Au feu !

La forêt était à deux pas. Il se releva et se mit à courir. Il sentait déjà la fraîcheur qui soufflait de ses profondeurs vertes, pleines de murmures solennels.

Un moment encore et il serait libre, libre et il aurait assouvi sa vengeance.

Il tressaillit soudain et s'arrêta.

Les cloches sonnaient, sourdes, lugubres. Le tocsin !

Il se retourna et poussa un cri. La moitié du village était en feu.

— Vous vous souviendrez de moi. Vous...

Il n'acheva pas ; une stupeur infinie dilata ses prunelles, un gémissement trembla sur ses lèvres blêmes. C'était lui qui venait d'incendier son village ! Il fit un bond pour s'enfuir, puis se retourna malgré lui.

Les cloches sonnaient comme un glas et dans leur bourdonnement affolé perçaient des plaintes déchirantes, des appels désespérés qui fouettaient le ciel impassible et serein.

Jean reprit le même chemin par lequel il était venu, les yeux fixés sur l'incendie, hébété d'horreur.

*
* *

Tout le milieu du village brûlait.

De toit en toit, d'arbre en arbre, une vague rouge déferlait dans une écume de fumée noire, sautant par-dessus les cours, par-dessus la route, par-dessus les jardins. Le feu, comme un esprit mauvais, échevelant sa crinière de flammes, écrasait les chaumières sous son galop furieux et faisait jaillir à chaque pas des tourbillons d'étincelles.

Personne ne tentait de résister à l'envahissement destructeur. Pas d'instruments, pas de bras. Les hommes étaient partis à la poursuite de Jean, les femmes assistaient aux vêpres. Tout était perdu quand ils accoururent.

A la porte de l'église le curé apparut, tenant

l'ostensoir, entouré d'enfants qui portaient des cierges et agitaient des sonnettes. Les gens se massèrent en procession, et bientôt dans l'air embrasé, au milieu du fracas des murs qui s'écroulaient, du craquement des cloisons, du sifflement des flammèches, éclata l'ardente supplication des chants religieux.

La procession s'avançait comme sous une voûte de feu, entre les torchères gigantesques des arbres qui flambaient; et les lamentations, les prières, les volées précipitées du tocsin, se fondaient en une rumeur d'épouvante que dominait le grondement menaçant de l'élément en furie.

Enfin le greffier et le maire parvinrent à organiser quelques secours.

— Qui a mis le feu ?

— Winkorek !

Une clameur de haine couvrit en un instant les chants de la procession. Une troupe de fous furieux s'élança de l'autre côté de l'eau, vers la chaumière qui n'était pas encore en danger.

— A mort, l'incendiaire !

Tekla, assise sur le seuil, aperçut la meute forcenée qui se ruait sur le pont. Elle se leva, comme en démence, et, brandissant un bâton, cria :

— Vous ne l'aurez pas ! Vous ne l'aurez pas !

Derrière elle, au fond de la chambre, apparut la taille haute de Jean.

— Il est là ! Tenez-le ! A mort !

Tekla défendit l'entrée comme une chienne; ils la mirent en pièces. Mais Jean, d'un mouvement rapide, avait sauté dans le grenier et tiré l'échelle à lui.

— Qu'on le brûle ! Qu'on le brûle ! rugissaient cent voix exaspérées.

Ils barricadèrent les portes, clouèrent des planches aux fenêtres, bouchèrent toutes les ouvertures avec des broussailles, des linges, tout ce qui leur tomba sous la main, mirent le feu aux quatre coins et attendirent.

La flamme lécha le chaume et en quelques minutes la maison disparut sous un flot de fumée.

Jean, étouffé, grillé, bondit, creva une planche et tomba sur la tête des paysans en cercle. Il ne se releva pas. Une vingtaine de mains l'agrippèrent.

— Dans le feu ! Dans le feu, pour son crime !

Il se sentit empoigné par les pieds, par le cou, balancé comme un paquet et jeté sur le toit.

Le toit s'effondra. Dans un tourbillon d'étincelles, un cri effroyable, inhumain, partit de l'intérieur.

Un autre cri lui répondit sur la route. C'était la vieille qui revenait. Elle avait vu.

Elle contempla d'un regard morne sa maison en flammes, se pencha en avant, les poings tendus, comme pour courir se tuer. Puis elle murmura tout bas :

« C'est justice, justice, justice... » Et, livide, les bras en croix, elle roula sans vie sur le sol.

LE CONDAMNE N° 437

Le Condamné N° 437

— Marie, regarde donc si personne ne rôde par là-bas, cria une voix qui sortait de la pièce voisine.

La femme, en train de cribler de la recoupe sur une toile étendue devant la cheminée, posa son crible, se releva avec difficulté à cause de sa grossesse, et alla jeter un coup d'œil à la porte.

Il était encore grand matin : aucun signe n'annonçait le jour. Une neige dense et sèche tombait. A quelques pas devant soi on ne distinguait rien. Toutes les formes se brouillaient dans ce tourbillon blanchâtre. Le village était enseveli sous un linceul ténu et tremblotant. Les énormes peupliers noirs qui s'élevaient au bord de la route semblaient des filets de fumée déchiquetée. Dans l'air inerte, les flocons se succédaient, égaux, serrés, sans trève, sans bruit. Pas une branche ne bougeait. Il n'y avait plus ni haies, ni chemins, ni sillons, ni ciel, ni terre ; le monde entier ne formait qu'une vague et blanche vision, où brillaient çà et là, comme des yeux de loups aux aguets, les lumières des maisons. De temps à autre, une voix perdue dans la tourmente arrivait on ne savait d'où. Les coqs commençaient à chanter.

— Pas âme qui vive, dit-elle en jetant des broussailles sur le feu et en reprenant son travail. Et il neige, il neige...

— Hé ! le bon Dieu s'en donne. Les vieux ne se souviennent pas d'un temps pareil.

Ils se turent. On entendit, dans la pièce voisine, le bruit d'une meule à bras, tournée avec violence.

— Les journaux disent que les loups s'approchent en bandes des villages.

— Peuh ! les loups, on s'en arrange. Si l'on donnait seulement un moyen contre les Allemands !

— Par un temps pareil, et la nuit, il n'y a tout de même pas de danger qu'ils viennent.

— Mais c'est le bon moment pour ces voleurs. Comment ont-ils fait à Zamosc ? Le matin justement, par une tourmente comme celle-là, ils sont tombés sur le pays et ont tout saccagé.

— Au nom du Père et du Fils... ne parle pas de malheur ! cria-t-elle en se signant.

Des flammes joyeuses jaillirent soudain dans la cheminée et emplirent tout l'intérieur de leurs reflets d'or. Les saintes images pendues au mur blanc s'illuminèrent, ainsi que les vitres que brodaient les arabesques argentées du givre. Et toute la chambre apparut, vaste et basse, écrasée sous des poutres noircies que décoraient des découpures bariolées de papier. Elle contenait beaucoup de meubles d'assez belle apparence. Deux lits érigeaient une montagne de couettes et d'oreillers. Entre les fenêtres, une table portait une lampe à globe vert et des livres. Sur un métier, placé devant une fenêtre, un tissu presque achevé tirait l'œil par ses rayures chatoyantes comme des arcs-en-ciel déployés. Il y avait aussi des étagères chargées d'assiettes et de plats ; dans les coins, des coffres à fleurs peintes : bref, toutes sortes de choses témoignant d'une honnête aisance.

— Encore du Juif là-dessous, cria l'homme du fond de son réduit. C'est compère et compagnon avec l'Allemand. Ça baragouine ensemble et ça s'entend pour nous perdre. Enfants de chiennes...

Il jura de tout son courage, et lança la meule avec une telle furie que des étincelles en jaillirent. Il travaillait avec une hâte fébrile, montrant seulement de temps à autre à l'entrée de la chambre son visage fatigué. Alors il allumait une cigarette, aidait sa femme à jeter dans un sac la farine tamisée, et, après avoir soufflé un peu, retournait à son ouvrage.

— A-t-on jamais vu ça, être obligé de cacher son bien comme un voleur ? dit-il après un instant.

Dire que je dois battre mon seigle, à moi, en cachette, et la nuit ! Ah ! sang de chien !..

— Tout de même, fit-elle, se peut-il que ces Allemands soient rapaces et gourmands, comme ça !

— Ils aiment le bien des autres, ceux-là. Et dire qu'il n'y a pas de punition pour ces brigands !

— Adam, parle bas. On va nous entendre et nous dénoncer.

— C'est à ne plus se retenir !

— Ce n'est pas de parler que cela y fera grand'chose.

— Qu'on nous appelle seulement. Je serai le premier à marcher contre ces bandits, criait-il, pris de fureur au souvenir de tant de violences et de déprédations.

— Le bien des autres n'a jamais profité à personne, dit-elle avec une foi profonde. Le châtiment de Dieu ne les manquera pas, tu verras.

— Et le blé qu'ils nous ont pris ? Les bêtes, les pommes de terre, l'argent, qui nous rendra tout cela ? Qui ?

— Bien sûr qu'on ne le tirera pas de la gueule du loup... Qu'ils s'étranglent donc !

— Tant qu'on n'aura pas exterminé ces mauvais chiens jusqu'au dernier, il n'y aura pas de justice.

Ils parlaient ainsi sans cesser de travailler. Mais quand le jour parut à travers les vitres, le paysan s'arrêta. Il cacha la meule dans la grange, porta la farine en haut quelque part sous le chaume, et après avoir secoué sa peau de mouton, se mit à vaquer à son intérieur.

Cependant, au dehors, un changement s'était produit. Avec l'aurore, la neige avait cessé. Le froid pinçait.

Un jour bleuâtre se leva. Le disque rouge du soleil parut au-dessus des bois, et la terre étincela de blancheurs aveuglantes. Le village aussitôt bourdonna, plein de rumeur et de mouvement. Des colonnes de fumée montaient des cheminées, ouatées de neige ; les grues des puits grinçaient ; les chiens aboyaient. Les routes et les sentiers se peuplaient. On creusait des passages entre les maisons ; on dégageait certaines chaumières, enfouies jusqu'au toit sous la neige. Le battement sourd des fléaux retentissaient dans les granges. Les femmes s'interpellaient d'un verger à l'autre. Quelques pieuses commères emmitouflées s'acheminaient vers l'église, dans les bottes de leurs hommes.

La cloche sonnait la messe, quand Marie Bruzd, qui venait de délayer du son dans de l'eau pour la vache, essaya de soulever le lourd baquet.

— Laisse : tu vas te faire mal. Je le porterai, dit l'homme en la retenant.

— Mais prends bien garde qu'elle ne le renverse pas. Je vais jeter du grain aux poules et je reviens.

— Ne sors pas avant que je n'aie déblayé. Je veux tout faire pour toi, mon cher trésor.

Il la prit dans ses bras, et, après avoir mis un baiser sur sa pauvre joue amaigrie, sortit avec le baquet.

— Il n'y a pas meilleur au monde, murmura-t-elle, en le suivant d'un regard attendri. Puis elle soupira, et contemplant les saintes images d'un air suppliant : — Peut-être que cette fois le bon Dieu me prendra en pitié. Pourvu que celui-là ne meure pas comme les autres...

Car ils n'avaient pas de chance avec leurs enfants ; ils en avaient déjà enterré deux. Ils étaient jeunes, bien portants, à leur aise, possédant vingt arpents de terre. Et c'était la seule chose dans laquelle Dieu ne les bénissait pas. Ils en avaient beaucoup de chagrin. Aussi, maintenant que sa femme touchait aux dernières semaines de sa grossesse, Adam veillait-il sur elle comme une poule sur ses poussins. Les commères se gaussaient de lui, mais il ne s'en inquiétait guère. Il ne pensait qu'à sa femme et aux moyens de lui épargner de la peine. Ce jour-là, après avoir abreuvé et trait la vache, il donna encore à manger aux porcs, et lâcha les oies qui s'élancèrent en claironnant dans la neige vers la maison. Il s'était mis à fendre du bois, quand sa femme l'appela pour déjeuner.

Une bonne odeur de lard emplissait la pièce. Sur un large banc, devant la cheminée, à côté d'une grosse miche de pain, des pommes de terre appétissantes fumaient.

Ils mangèrent un certain temps en silence. Au bruit des cuillers battant les écuelles, des lapins tachetés sortirent du réduit voisin, sautillant drôlement à travers la chambre et les plus hardis s'approchant des maîtres, les oreilles et les moustaches en l'air.

— En voilà une qui va faire ses petits un de ces jours, elle traîne déjà le ventre, dit l'homme en leur jetant une cuillerée de pommes de terre soigneusement refroidies. La truie aussi sera bientôt à terme. Elle fait son nid et ne se laisse plus approcher : prépare lui de la graine de lin.

— Mais qui va la veiller pour qu'elle n'étouffe pas encore ses porcelets ? demanda la femme avec inquiétude.

— J'ai engagé la Grzelowa ; dès que tes couches seront faites, elle s'installera ici. Elle aura de quoi s'occuper. Tu ne pourrais pas suffire, avec l'enfant et le ménage. Elle viendra nous parler aujourd'hui.

— Une bonne langue, celle-là, et qui ne craint pas la bouteille, mais travailleuse et forte comme un cheval.

— Un garçon de ferme non plus ne serait pas de trop. Avec nos cinq arpents nouveaux, j'aurais de la peine à m'en tirer seul. On m'a conseillé Martin, de chez le meunier. C'est un garçon entendu.

— Oui... en filles et en eau-de-vie, on le sait. Est-ce que la petite Bialikowna n'a pas porté plainte contre lui au curé ? Il l'a abandonnée avec un enfant, après lui avoir promis mariage. Elle avait des témoins. Il a tout démenti, l'effronté.

— Comment croire ces filles-là ? Ça vaut si peu de chose. Ça court après chaque garçon, avant qu'il ait remué le petit doigt... Il n'est pas si bête que d'aller payer pour les autres.

— Mais demande donc plutôt chez Miazgowy. Ils sont quatre. La femme me disait que si l'on trouvait où se placer au village, Hyacinthe irait. Informe-toi.

— C'est un brave garçon, et laborieux, mais tu sais bien qu'il est de cette bande qui fait l'exercice dans les bois. Si on les apelle, il faut qu'il lâche tout. Il a juré.

— Ah ! c'est d'eux que le curé parlait, dimanche dernier, en chaire ?

— Oui, et il les soutient... Allons, je prendrai
Martin, si tu veux. Qu'en dis-tu, Marie ?

— Prends garde seulement de ne pas le regret-
ter. Il faisait son beurre dans ce moulin. Sait-on
tout ce qu'il a passé de farine en fraude, à Lodz ?
Il paraît même qu'il opère pour son compte. Il a
la vie bonne, là-bas : de la viande chaque semaine.
Notre pain va lui paraître bien sec. Prends garde.

Adam ayant achevé son repas, alluma une cigarette. Tout en poussant des bouffées de fumée, il
méditait profondément sur les paroles de sa femme.

— La gelée a bien préparé l'avoine. Je vais
battre... dit-il, tout à coup décidé.

— Quand vendras-tu le froment ? On dit qu'il
se paie bien maintenant.

— On devait venir le prendre une de ces nuits.
Mais avec cette neige... Il faut le descendre et le
cacher sous la paille dans la grange.

— Et si on le portait dans le silo aux pommes
de terre ? L'Allemand n'irait pas le dénicher là.

— Pas moyen d'ouvrir le silo par ce froid. On
ferait geler les pommes de terre pour rien.

— C'est vrai, je n'y pensais pas. Va me chercher de l'eau. Je vais me mettre à mon métier. Et

donne à manger au chien. Tu l'entends hurler ? c'est à n'y plus tenir.

— Ne t'inquiète pas, je ferai tout ce qu'il faut. Mais travaille lentement sans te forcer.

Il apporta de l'eau dans la cuve placée près de la porte, prit l'écuelle du chien et se rendit à la grange.

Les poules et les oies menaient un tel vacarme devant la maison que la femme dut leur donner à manger et les chasser. Elle égrena aussi une poignée d'orge devant le seuil, pour les pigeons qui s'abattaient du chaume comme une volée de feuilles rousses en automne. Elle mit son ménage en ordre, balaya la chambre, arrangea le feu, fit les lits avec soin, et quittant ses lourds sabots de bois, s'assit à son métier.

Les lapins, rampant hors de leurs cachettes, recommencèrent à cabrioler dans le pâle rayon de soleil qui tombait des vitres étincelantes. La chambre silencieuse se faisait de plus en plus chaude ; on entendait seulement le sourd et monotone battement d'un fléau, ou quelques éclats de voix criardes, au loin, dans le village, et parfois l'aboiement plaintif du chien qui tirait sur sa chaîne.

La femme se mit au travail avec une application fervente et une fervente attention. Le tic-tac sec du métier accompagnait le crissement du peigne et le sifflement léger de la navette qui marquait par une tache de couleur son passage au milieu des fils gris et tremblants de la trame, pareils aux raies d'une averse interminable.

Elle travaillait, inclinée en avant, dans un recueillement presque religieux. Sur le fond flamboyant des vitres, avec son costume bariolé, on eut dit d'une fileuse tirant d'elle-même tous les tons de l'arc-en-ciel. Elle tissait un châle du plus riche coloris, à fond de safran, rayé de violet, de vert tendre, de pourpre vive, et frangé de blanc.

N'ayant aucun modèle, elle s'arrêtait longuement à réfléchir, tout en considérant ses bobines. Souvent, elle se renversait en arrière, et regardait son ouvrage en clignant des yeux. Et à certains moments, immobile sur son siège, elle revoyait dans ses souvenirs de champs de blé mûr, par une chaude journée de juillet, ou des champs de lin en fleur, de ce bleu merveilleux qu'on voit dans la prunelle des petits enfants. Alors elle soupirait tout bas, le cœur débordant de désir, et, la joue sur la main, laissait ses yeux embrumés se perdre au loin, tandis que toute son âme s'en allait vers ses chères petites tombes si souvent pleurées.

Un énorme chat gris bondit soudain au milieu de la chambre parmi les lapins qui se dispersèrent avec effroi, s'étira paresseusement et, après avoir flairé les assiettes vides, vint se frotter aux jambes de sa maîtresse.

— Fainéant, tu ne pouvais pas descendre de ton poêle, quand les autres mangeaient, non? Attends, maintenant.

Le chat miaula d'un air de dépit, sauta sur le lit et s'enfonça dans l'édredon.

— Voyez-moi ce propriétaire qui va se vautrer dans la plume.

Mais elle le laissa tranquille, car la cousine Franka entrait au même instant et criait dès le seuil :

— Savez-vous ce qui se passe? Les Allemands sont dans le village. Ils prennent les châles, la toile, le fil, tout...

— Il ne manquait plus que cela, s'exclama la femme Bruzd, dont les bras tombèrent. Mais qu'est-ce qu'ils en feront?

— Ils les ont pris à Modlica, à Mrozy, à Zakrzew.

La jeune fille secoùa ses sabots devant l'entrée, ôta son fichu, se chauffa les mains et s'approcha du métier.

— Joli travail, dit-elle. Mais moi, dans cette bande verte, je mettrais deux fils grenat, savez-vous?

— Cela restera tel quel, fit Marie sèchement.

Chacun a sa manière de voir. Mais comment as-tu tant de neige sur toi ? La route n'est donc pas déblayée ?

— Ce sont les garçons de la Grzelowa qui m'ont poussée dans le fossé. Ils s'en prennent à tout le monde, ces vauriens.

— Alors, tu dis que les Allemands enlèvent la toile et le fil ? demanda Marie, reprenant son air anxieux.

— Tout ce qui leur tombe sous la main. Tout à l'heure, chez l'adjoint, l'aveugle qui boîte, le père Paul, vous savez ? racontait qu'à Mrozy, ils ont enlevé, chez un cultivateur, un porc entier qu'on venait de tuer pour une noce, les saucisses, les gâteaux, tout ce qu'on préparait. Qu'en pensez-vous ?

— Dire que les gens se laissent faire ! s'écria Marie indignée.

— Essayez donc de résister. Ils vous battent, vous mettent à l'amende, vous jettent en prison. Les gens n'ont-ils pas déjà assez souffert ?

Ayant ainsi débité ses nouvelles, elle s'en fut les porter dans d'autres maisons.

Aussitôt après, la vieille Brzoskowa accourut, emmitouflée et rouge comme une pivoine :

— Femme, pas encore au lit ? cria-t-elle dès l'entrée. Cela traîne joliment. Puis, elle se répandit en conseils, racontant tout au long de quelle manière chacune de ses couches s'était passée.

Midi approchait. A chaque instant survenait quelque nouveau visiteur, inventant un prétexte pour pouvoir bavarder un brin, raconter ce qu'il avait appris, tirer des autres ce qu'ils savaient, et remporter de quoi se faire valoir ailleurs. Chacun prétendait posséder les informations les plus sûres et les plus importantes. On ne tarissait pas sur le compte des Allemands et des Russes. Quelqu'un même jura que les Cosaques étaient déjà dans les bois voisins. Les cancans locaux allaient aussi leur train.

Marie Brudz, peu bavarde de nature, interrompit avec impatience le vieux Dryzda, qui, venu soi-disant pour emprunter une tarière, racontait des choses de l'autre monde.

— Ouais, il faut avoir la tête comme une grange pour retenir tant de choses.

— Bien sûr qu'on ne garde pas l'eau dans un crible, dit-il en s'en allant d'un air vexé.

La femme, demeurée seule, s'apprêtait à mettre la table, quand un bruit de pas et de voix larmoyantes retentit au dehors. Trois inconnus demandaient la charité.

Elle les introduisit, et leur montra sans empressement un banc près de la cheminée.

Ils s'assirent, chauffant en silence leurs mains bleuies de froid. Il y avait un homme, une femme et un jeune garçon, tous trois de mine lamentable. Ils portaient des habits de ville, en lambeaux, s'étaient emmitouflés contre le froid dans des haillons informes, et des ficelles retenaient leurs chaussures vaille que vaille.

Marie Brudz n'accueillait pas volontiers les vagabonds. Mais leur attitude humble et leurs figures honnêtes la gagnèrent. Ils ne ressemblaient pas à des mendiants.

— Oui, nous venons de Lodz, répondit la femme, levant sur elle des yeux navrants. Nous allons chez des parents, de l'autre côté de Siedlce. Il y a bien vingt milles. Nous n'avons pas d'argent pour prendre le train, nous devons faire la route à pied. Nous nous traînons de village en village... en mendiant. Et sa voix s'étrangla sur ce mot. Le bon Dieu ne nous abandonnera peut-être pas, continua-t-elle, et les braves gens nous viendront en aide... Voilà quatre jours que nous sommes partis, et par malheur, la neige et le froid augmentent. Le pire est que les gens craignent de nous loger la nuit. Il y a tant de coquins maintenant par le monde, qu'on ne distingue plus les honnêtes gens. Et pour comble, mon mari est malade et tient à peine sur ses jambes.

Elle parlait avec une tristesse si profonde que Marie se sentit touchée de compassion.

— Je ne vous donnerai pas de lait, dit-elle, la vache qui nous reste va faire son veau, et l'autre, notre meilleure laitière, les Allemands nous l'ont prise. Mais je vais vous tremper une soupe, n'est-ce pas ?

Et sans attendre leur réponse, elle versa du bouillon dans une terrine, y coupa la moitié d'une miche de pain et la leur tendit :

— Mangez, cela vous fera du bien.

— Dieu vous le rendra, ma bonne dame. Depuis quatre jours, nous n'avons rien pris de chaud.

Ils se mirent à manger avidement, le garçonnet surtout qui semblait vouloir se jeter dans la terrine, mais après quelques bouchées, l'homme devint tout vert et se prit au ventre :

— C'est comme si quelqu'un me perçait les entrailles avec une vrille, dit-il en repoussant la cuiller.

— Qu'est-ce qu'il y a ? O mon Dieu ! du verre dans le pain, peut-être ? s'écria l'hôtesse bouleversée.

— Ce sont les Allemands qui lui ont valu cette maladie, expliqua l'étrangère. De temps en temps, en mangeant, il éprouve ces douleurs dans le ventre. Me l'ont-ils abîmé, le malheureux !

— Holà ! cria tout-à-coup Marie, courant à la fenêtre. Adam, chasse-les !

— Ne vous fâchez pas. Nous partons... balbutia la femme effrayée.

— Qu'est-ce qui vous prend ? Ce sont mes oies qui grimpent dans le tas de neige, au risque d'y rester...

Elle sortit en coup de vent. Ce fut aussitôt devant la porte un concert de cris et de gloussements éperdus.

— Attends, brigand, attends que les oies m'aient pondu des œufs, et je te passe aux Juifs pour leur sabbat... Ce jars est mauvais comme un chien, expliqua-t-elle en rentrant, il faut toujours qu'il me pince.

Elle mit dans un panier, sous un lit, la poulette qu'elle avait apportée sous son bras, la couvrit d'un tamis, puis continuant à éplucher ses pommes de terre :

— Celle-là va faire ses œufs n'importe où pour le bonheur des autres.

Les choux qui bouillaient sur le feu répandaient leurs aigres vapeurs.

— Alors, vous pensiez que je criais contre vous ? dit-elle avec un reproche dans la voix.

— Quand on est chassé de partout comme des chiens, on finit par avoir peur de son ombre. Hier, à Wola, dans une maison où l'on nous avait reçus pour la nuit, voilà que mon homme se trouve mal, comme maintenant, après avoir mangé du chou froid. Les gens nous ont chassés. Ils avaient peur de le voir mourir chez eux. Je leur ai demandé grâce à genoux. Ils n'ont rien voulu entendre. Ils nous ont chassés comme des chiens, dans la neige, la gelée, la nuit, le vent. Chassés... répétait-elle tout bas d'un ton navré.

— On est allé se mettre dans l'étable du curé, au milieu des vaches, on a eu bien chaud, ajouta le gamin qui, après avoir posé la terrine vide, s'était mis à faire la chasse aux lapins dans les coins.

— Witsek, ne déchire pas ta culotte, cria la mère. Puis se tournant vers son mari : Et toi, mon pauvre ? Ça passe ?

— Ça passe, fit-il. Voilà que la sueur a cessé. Et il s'épongeait le visage en regardant avec tristesse la terrine entièrement vide.

Marie Brudz s'en aperçut et leur donna généreusement, pour la route, une bonne provision de pain, de gruau et de saucisson.

— Il y a un Dieu pour les abandonnés et de braves gens sur terre, dit la femme en essayant de lui embrasser les mains.

Marie les retira, confuse.

— Vous rendrez cela un jour à plus pauvre que

vous. Puis, s'adressant à l'homme avec curiosité :
Alors, vous étiez avec les Allemands ?

Il se redressa tout à coup, et son visage enflammé
de haine devint méconnaissable :

— J'ai travaillé deux ans pour ces canailles. Ils
m'en ont tant fait voir que maintenant, devant chaque croix, devant chaque saint, devant chaque
église, je prie Dieu de leur envoyer la peste et le
choléra. Il n'y a pas de mots humains pour dire ce
que notre peuple en a souffert. On n'a pas vu cela
depuis le commencement du monde.

— Franck, ne te monte pas. Tu vas encore être
malade... C'est moi qui vais raconter à la dame...
Witsek, pour l'amour de Dieu, mon garçon, tu
déchires tes dernières guenilles, cria-t-elle à l'enfant qui poursuivait les lapins sous le lit, et dont on
ne voyait plus que les jambes... Mon homme était
donc portier dans une fabrique de Lodz. C'était un
bien bel homme, pas comme vous le voyez aujour-
d'hui. Nous étions à notre aise. Le petit suivait
l'école de la fabrique. Nous avions un peu d'argent
de côté; logés, chauffés, éclairés, nous ne man-
quions de rien. J'avais quatre oreillers et deux
couettes comme les vôtres, ajouta-t-elle, avec fierté,
en montrant le lit. Qui aurait cru que notre situation
pouvait changer ?

« Voilà la guerre qui arrive. Les fabriques s'arrêtent. On entendait le canon plus proche, de jour en jour. Ceux qui pouvaient s'enfuyaient. Les gens craignaient les Allemands comme la peste. On se souvenait de Kalisz... Le directeur fait appeler mon mari et lui dit : « N'aie pas peur, Przytyk, surveille-moi la fabrique. Les Allemands sont des gens convenables, ils ne feront de mal à personne. Tu n'as qu'à être poli avec eux. » Puis il donna pas mal d'argent et partit pour Varsovie. Quand on mange le pain de quelqu'un, il faut bien lui obéir. Peu de temps après, il y eut des batailles terribles. Un jour, les Allemands avaient le dessus, le lendemain les Russes ; ils passaient par la ville comme des ouragans. Enfin, les Allemands la prennent; le calme revient; ils mettent de l'ordre à leur façon. Le frisson vous prend en y pensant. On n'entendait plus que pleurs et malédictions. La misère commençait à ronger le pauvre peuple jusqu'aux os. Voilà qu'un jour d'énormes chariots conduits par des soldats, arrivent devant l'usine : « — Ouvrez ! » — Mon homme ouvre. — « Où sont les stocks ? » Il les montre. Toute la semaine sans répit, ils enlevèrent pour des milliers et des milliers de marchandises. Ils payaient au moyen de reçus. Puis ils emportèrent de la teinturerie les cuves de cuivre et les tuyaux, puis toutes les courroies, enfin les meilleures machines. Il ne resta que les murs. Plus d'un de nos ouvriers pleurait sa fabrique, comme on pleure un mort. Il n'y avait plus rien à garder. Peut-être une semaine après deux gendarmes s'arrêtèrent devant notre logement. Justement, je n'y étais pas. Le plus vieux cria à l'autre : « Prends la literie, elle nous servira au quartier. » Mon homme veut s'y opposer. Nous piller ainsi, en plein jour, sous nos yeux ! A quoi aurait-il été bon, s'il n'avait pas défendu son bien ? Il était fort, il jette un escabeau à la tête d'un des Allemands, mais ils finissent par le maîtriser, le maltraitent, lui mettent les menottes, le jettent en prison et le font passer en jugement pour avoir défendu son bien. Comprenne qui pourra. Je reviens quand tout était fini. Toute la maison était vide. Ce que les Allemands avaient laissé, les voleurs l'avaient emporté. Je m'en moquais bien ! C'était mon mari qui m'inquiétait. Mais ni les démarches, ni les supplications n'y firent rien ; plutôt attendrir des pierres que ces bourreaux. Ils ne me permirent même pas de le voir. Ils l'envoyèrent aux travaux forcés. Pendant deux ans, il travailla dans les tranchées, sur le front russe. Ils étaient là environ deux mille malheureux Polonais comme lui. Nourris plus mal que des chiens, logés dans des baraques sans feu ; à la moindre plainte, le bâton, et qui essayait de s'enfuir recevait une balle dans la tête.

Ils ne soignaient pas les malades ; guérissait qui pouvait. On jetait souvent dans le même trou les mourants et les morts. Mon homme a pu tenir deux ans, parce qu'il était jeune et fort. Mais à la fin, ce n'était plus qu'une loque. Ils le renvoyèrent donc à Lodz avec une bande de malheureux comme lui qui n'avaient plus le souffle. C'était l'année dernière, il faisait un hiver affreux. On les jette, à la gare, dans une remise ; la moitié d'entre eux furent gelés. J'ai vu cela de mes yeux, je ne l'oublierai jamais. Ils étaient là, en tas, comme des blocs de glace, attendant la pitié de Dieu. Impossible de les reconnaître, tant ils étaient défigurés. Je retire le mien, à demi mort, tout en plaies, les jambes gelées. Je l'avais reconnu à la voix... J'en aurais long à raconter, j'en aurais long ! Mais je dirai tout au jugement de Dieu, car il n'y a que lui qui puisse comprendre et punir les Allemands de ce qu'ils ont fait endurer aux gens de Pologne... Et il les punira, il les punira », criait-elle le poing levé.

Marie Brudz écoutait avec horreur cette simple et terrible histoire. Ils restèrent longtemps sans parler. Soudain, un jeune gars parut derrière la fenêtre et cria :

— Les Allemands sont au village. Ils sont descendus devant chez le curé. Puis il courut porter la nouvelle ailleurs.

— On parlait du loup !... s'écria Marie.

— Sauvons-nous, criait l'étrangère perdant la tête. Witsek, Franek, au bois ! sauvons-nous !

— Mais que pouvez-vous craindre ? dit Marie. Que peuvent-ils vous prendre ? Il n'y a que nous qui risquions encore. Où voulez-vous aller par ce froid, cette neige ?

— Ah !... le malheur nous suit, répétait la pauvre femme en empaquetant fiévreusement dans leurs haillons son mari et son enfant. Le malheur nous suit. — Et, sourds à toutes persuasion, ils s'enfuirent comme des bêtes traquées et gagnèrent furtivement les bois.

Adam, qui avait appris la nouvelle, accourait pour rassurer sa femme.

— Qu'est-ce qu'ils peuvent bien vouloir au curé ? demandait-elle. C'est pour les cloches, peut-être ?

— Ils mettront une amende et ce sera tout, fit-il avec une indifférence affectée.

— Mais ils les chercheront.

— Et comment veux-tu qu'ils les trouvent sous cette neige et dans la terre gelée ?

— Ils sont peut-être venus pour le seigle qu'on

n'a pas livré ? dit-elle avec une inquiétude croissante.

— Ils ne l'ont pas eu, ils ne l'auront pas, répondit-il durement. Si on leur donnait tout ce qu'ils veulent, il ne resterait pas de quoi faire une soupe dans les maisons. Que le diable...

— Mais ils peuvent punir le village.

— Qu'ils le punissent. Mais ils n'auront pas un grain !

Il se leva brusquement et courut s'informer au village. Un moment après, il était de retour, la mine bouleversée.

— Ils sont encore chez le curé, dit-il. Quatre voitures de soldats attendent devant l'auberge.

— Ils ne les ont pas amenées pour rien. Mais pourquoi ne voit-on personne ?

— Tout le monde est devant l'église, à regarder ces Allemands, comme une nuée de corbeaux.

Ils se turent, accablés d'inquiétude, rongés d'une angoisse sourde. La femme s'assit à son métier. Mais la navette lui tombait des mains, ses fils s'embrouillaient et elle se levait à chaque instant pour regarder avec effroi par la fenêtre.

Adam, ne sachant que faire à l'intérieur, sortit dans la cour, jeta un coup d'œil à l'écurie, et cacha sous la paille le blé battu le matin. Il envoya un coup de pied au chien qui rôdait près de lui et se mit à fendre du bois, sous le hangar. Mais, ayant ébréché sa hache sur les nœuds, il laissa tout en plan et courut sur la route écouter et regarder. Le village était tout en longueur et l'église s'élevait à l'autre bout, cachée par les arbres de la route, les maisons et les vergers. Une rumeur lointaine en arrivait.

Le paysan venait de prendre sa meule pour aiguiser sa hache, quand la Grzlowa parut derrière la haie.

— Nous vous attendions, lui dit-il. Entendez-vous avec ma femme et installez-vous dès aujourd'hui.

— Les Allemands dévalisent les maisons, dit-elle hors d'haleine. Ils prennent tout ce qui leur tombe sous la patte. Chez les Gorki ils ont enlevé le grain, les œufs et la toile.

Marie ouvrit la porte précipitamment.

— Vous l'avez vu, ou si on vous l'a dit ? demanda-t-elle d'un ton gouailleur.

— Tout le monde les a vus porter cela sur leurs chariots. Ils pillent sous les yeux des gens.

— Allons, à la grâce de Dieu ! fit l'homme en se mettant à aiguiser sa hache.

Les deux femmes entrèrent. La Grzelowa, quoique d'un certain âge, était encore alerte. Elle avait des cheveux gris, des yeux perçants, un visage

piqué de petite vérole ; il ne lui manquait pas une
dent. Bien qu'elle eût perdu plusieurs maris et
tous ses enfants et qu'elle ne sût jamais sous quel toit
elle coucherait, elle avait le cœur bon et l'humeur
gaie.

Elle prit un air de feu tout en racontant ce qu'elle
avait appris au village. Du reste elle n'avait pas
mauvaise langue. Marie, ocupée à son tissage, ne
lui répondait que par demi-mots.

— Nous en avons déjà tant supporté, disait-elle.
Le bon Dieu nous fera bien endurer les Allemands.

— C'est la sainte vérité, répondait la vieille.
Puis s'approchant du métier : Quel beau châle !

— On dit bien qu'ici personne n'en fait de
pareils.

— Hier, la Sulkowa disait : « Marie Brudz
peut bien faire de belles choses : elle a la paix chez
elle. » C'est vrai que plus d'une vous envie votre
mari.

— Il n'y a pas meilleur au monde. Mais vous
entendez ?

Une cloche sonnait.

— Un agonisant ? qui est-ce ?

— On tinte seulement : c'est le tocsin. Un
incendie pour sûr. Je vais voir.

Mais Adam lui ordonna de rester auprès de sa
femme et partit lui-même s'enquérir.

La cloche grondait dans le silence, et à son lugubre appel tout le village s'était mis aux portes. Tous les chemins fourmillaient de monde. Un souffle de terreur passait. On entendit soudain des sanglots et des cris. Les gens, ne sachant par où le malheur allait venir, regardaient du côté de l'église d'où arrivaient des hurlements de fureur et des lamentations.

On ne savait pas au juste de quoi il retournait, quand les garçons de l'adjoint se mirent à parcourir les chaumières en transmettant tout bas des ordres et des explications. Aussitôt le village sembla comme réveillé de son engourdissement. Un seul cri retentit : Nous ne céderons pas à ces bandits. Tous devant l'église ! Nous ne céderons pas !

Et quiconque se sentait un peu de cœur au ventre et de sang dans les veines s'élança sus aux Allemands, en brandissant le premier objet qui lui venait sous la main. Des femmes, des vieillards, des jeunes gens tiraient en hâte des étables ce qu'ils avaient de mieux comme vaches ou comme chevaux, et les poussaient vers les bois par des chemins détournés. La panique devint telle que les femmes emballaient leur literie pour s'enfuir, chassaient devant elles des troupeaux d'oies, et que l'une même, priant à voix haute, conduisait un cochon gras en pleurant.

Pendant ce temps, sur la place de l'église, qu'encadraient des chaumières enfouies dans des vergers, d'énormes chariots attendaient, gardés par des soldats. Tout ce que les pillards enlevaient des maisons venait s'y entasser : pièces de drap, tissus, quartiers de lard. Les ménagères dépouillées jetaient les hauts cris, chargeaient les Allemands de malédictions, appelaient au secours, mais bien en vain, car les crosses brutales frappaient sans pitié et les baïonnettes croisées tenaient les protestataires en respect.

Un gradé allemand, son cigare à la bouche, était assis sur un traîneau le plus tranquillement du monde. Quand la cloche se mit à sonner et que les gens accoururent, il donna un ordre d'une voix aigre et promena autour de lui des regards méchants.

La foule augmentait de minute en minute et resserrait son cercle autour des chariots. L'indignation éclatait de toute part ; aux murmures succédaient des jurons et des invectives. La place, devenue houleuse, semblait envahie par une marée montante, au-dessus de laquelle oscillaient des fourches, des fléaux, des herses et, de place en place, des faux. Mais les hommes étaient encore incertains et hésitants.

Les femmes, dont le caquetage devenait assour-

dissant, les acablaient d'invectives et de sarcas-
mes :

— Ne vous laissez pas faire ! C'est une honte !
Remuez-vous, tas de moutons ! Vous verrez qu'ils
se laisseront prendre leurs culottes sur eux ! C'est
bon à tenir la quenouille ces hommes-là, ou à servir
de valets aux Allemands ! Mais bougez donc ! Dé-
fendez-vous !

Un grondement de menaces parcourait la foule,
comme le souffle du vent dans les bois ; la colère
enflammait les yeux, crispait les poings, convul-
sait les visages ; les premiers rangs parlaient déjà
de foncer en avant, et l'adjoint, poussant ceux qui
portaient des fourches et des faux, criait avec fré-
nésie :

— Hardi, les hommes ! Serrez-vous et tombez
dessus ! Tout le monde ensemble et vite ! Qu'ils
n'aient pas le temps de tirer !

Les Allemands auraient passé un mauvais quart
d'heure, si le curé ne s'était soudain montré, et prenant à témoins tous les saints du ciel, n'avait apaisé
l'effervescence à force de prières et d'objurgations:

— Bonnes gens, ayez pitié de vous-mêmes, ayez
pitié de vos femmes et de vos enfants. Vous tuerez
ces brigands et demain ils vous enverront tout un
régiment qui mettra le village à feu et à sang et vous
fera tous prisonniers. Attendez, nous allons écrire

une réclamation. Je la porterai moi-même à Varsovie. C'est comme cela qu'ils ont fait à Zamosc et ils s'en sont bien trouvés.

Il était vieux, considéré, et il les exhortait d'une voix si persuasive, en pleurant et en se tordant les bras, qu'ils finirent, bien qu'à contre-cœur, par écouter ses conseils.

Le jour touchait à sa fin. Un soleil énorme, comme gonflé de sang, pendait au-dessus des bois et rougissait la neige. Il faisait un froid du diable.

Les gens s'étaient dispersés. Çà et là, quelques groupes, dans la pénombre, surveillaient encore les mouvements de l'ennemi qui, voyant le soir venir, épargnait les habitations pauvres et ne perquisitionnait plus que chez les gros propriétaires.

Le soleil avait presque disparu, quand les voitures s'arrêtèrent devant la porte d'Adam Brudz. Il attendait sur le seuil, calme en apparence et impassible. Derrière lui, Marie tremblait comme la feuille.

— Cinq mesures d'orge que vous n'avez pas fournies, dit le gradé en consultant son registre.

— Et que je ne fournirai pas, puisque je ne les ai pas, répondit-il d'un ton sec.

— Nous allons voir. Qu'on cherche, cria l'autre, furieux. Et il ajouta dans un polonais assez correct: Si ce n'est pas vrai, on confisquera le grain et vous serez à l'amende. Compris ?

Les soldats allemands s'étaient répandus dans toute la maison comme des punaises, furetant dans les coins, bouleversant les tiroirs et les coffres. Le gradé, installé dans la pièce principale, avait allumé un cigare et se chauffait devant la cheminée.

On appela Adam à la grange et on lui ordonna de remuer la paille.

— Faites-le vous-mêmes, dit-il, puisque vous y tenez tant. Mais l'inquiétude commençait à le gagner.

Ils continuèrent donc leurs recherches, en poussant d'effroyables jurons, et finirent par découvrir cinq sacs de froment et quelques mesures d'orge.

Il devint pâle comme un mort, mais ne souffla mot.

— Pourceau de Polonais ! Chien ! Voleur ! criaient les Allemands. Nous le mangerons, ton blé, et tu vas voir ce qui va t'arriver.

Il endura tout, insultes et menaces, et bien que le sang lui montât aux yeux, il se laissa dépouiller et les vit charger les sacs sur la voiture. Il ne broncha pas même devant les invectives du commandant de l'escorte qui venait d'accourir à la grange et lui mettait son poing sous le nez.

— Cinq sacs de froment ! se répétait-il à lui-même, rongé d'une rage sourde, en les regardant s'éloigner dans la nuit. Mais il avait hâte de rentrer au logis et de tranquilliser sa femme.

La chambre était sombre et étrangement silencieuse.

— Marie, appela-t-il, la croyant dans les pièces voisines.

Un faible gémissement lui répondit. Il alluma une lampe. Sa femme était couchée sur le carreau, livide, les yeux ouverts, sans connaissance. Il la prit comme une plume dans ses bras, la porta sur le lit, lui humecta les tempes, la secoua, l'appelant des noms les plus doux : elle ne revenait pas à elle. Adam sentit ses cheveux se dresser sur sa tête. Fou de terreur et de désespoir, il courut devant la maison et se mit à crier.

Les voisins arrivèrent, en même temps que la Grzelowa qu'on avait envoyée en course pour la journée. On amena enfin la vieille Borucina, qui se connaissait aux maladies des femmes et qui, à force de soins, finit par tirer la malheureuse de son évanouissement. Mais presque aussitôt les douleurs d'un accouchement prématuré se déclarèrent. La maison s'emplit de cris inhumains. On eût dit que la mort regardait par la vitre.

Adam, hors de lui, errait à travers les bâtiments, entrait dans l'étable de la vache, restait un moment auprès du cheval, puis revenait sous les fenêtres, et écoutait, le cœur mourant.

L'enfant vint au monde, mort. Adam prit la chose avec résignation et s'enquit seulement de la santé de sa femme. La vieille fit un signe d'impuissance, et le conduisit auprès de la malade.

Marie se blotissant contre lui, étouffait de sanglots.

— Ce bandit a tué mon enfant, disait-elle. Il l'a tué.

Elle n'en put dire plus long, car une si grosse fièvre la saisit qu'elle oublia le monde des vivants et ne fit que délirer.

— Que lui est-il donc arrivé ? se demandait Adam, quand soudain la Grzelowa, montrant le métier à tisser, s'écria :

— Seigneur, où est-il passé, le châle ?

— Ce sont les Allemands, pensa-t-il aussitôt.
En effet, quelques jours plus tard, Marie qui se sentait mieux, lui raconta tout.

— Il voulait me prendre ce châle, disait-elle d'une voix qui n'était plus qu'un souffle. Je me défendis. Il m'a frappée. Oh ! que je regrette ce châle, que je le regrette !

Adam frissonna. La face rougeaude de l'Allemand au cigare lui revint à la mémoire.

— Il t'a frappée, dans cet état ?... Guéris seulement. Il me le paiera.

Mais le mal allait en empirant ; les hémorragies et la fièvre ne cessaient pas. Adam fit venir un docteur de la ville. Il fit venir un spécialiste de Lodz qui se déclara impuissant. Enfin il donna pour une messe solennelle de la Transfiguration, distribua aux pauvres une aumône magnifique, et resta étendu en croix, tout le temps de la cérémonie, implorant la miséricorde de Dieu. Il est vrai qu'après cette messe, la Grzelowa prétendit trouver un mieux sensible chez la malade, mais il ne s'en rendit pas compte. Il pressentait au contraire la mort qui approchait peu à peu, implacablement. Il voyait sa femme de jour en jour plus pâle et plus faible. Il voyait ses yeux bleus devenir transparents comme l'eau, ses pauvres mains amaigries trembler comme des feuilles mortes, tandis que sa voix prenait des intonations étranges.

Il avait un caractère dur, fermé, peu accessible aux attendrissements, mais il détournait les yeux devant sa femme pour qu'elle n'y lût pas le désespoir. La nuit, quand elle sommeillait, il s'approchait de son lit sur la pointe des pieds, épiant avec crainte sa faible respiration.

— Que Dieu te rende ce que tu fais pour moi :

tu es si bon, lui dit-elle un soir, sentant sa présence auprès d'elle.

— Tu ne dors donc pas ? Je voulais arranger tes oreillers, expliqua-t-il maladroitement.

— Comment veux-tu que je dorme quand tant de choses me passent par la tête ?

— Dis-les moi, cela te soulagera.

Il s'assit au bord du lit et pencha sa tête vers la sienne.

— Eh bien, je pensais que le bon Dieu nous punit dans nos enfants de quelque gros péché.

— Et tu crois qu'il se vengerait sur ces pauvres petits, sur des innocents ?

— Pourquoi bénit-il donc les autres ?

— Mais ils ont aussi plus d'un chagrin avec leurs enfants. Regarde seulement notre Grzelowa. Et les Tomczyk ?

Il cherchait exprès les plus mauvais cas.

— C'est la volonté de Dieu, dit-elle en l'interrompant. Notre Walek marcherait sur ses sept ans. Il serait juste en âge de garder les oies.

— Il te les perdrait ou te les tuerait, comme les autres gamins. Voilà le beau plaisir que tu en aurais.

— Mon Walek, me tuer mes oies ! Mon Walek ! se récriait-elle indignée. Un enfant tranquille comme l'eau en été et qui s'amusait tout seul, des

journées entières !... Te rappelles-tu comme il approchait ses petites mains du feu, en gazouillant
comme un oiseau... Elle se mit à pleurer tout bas.
Puis emportée de nouveau par ses souvenirs : Et
notre Hanusia ! Elle aurait juste ses quatre ans pour
la Saint-Grégoire. Dieu, qu'elle était espiègle,
cette enfant, quelle petite tête elle avait !

— Oui, il fallait qu'elle nous mette toujours
quelque chose dans les jambes, et c'étaient des cris à
ne pas tenir dans la maison. On voit bien que tu as
oublié tout cela, disait-il d'un ton bourru, luttant
contre l'émotion.

Elle n'insista pas, mais quand il se fut recouché et
qu'elle entendit ses ronflements, elle s'enfouit sous
ses couvertures et se reprit à pleurer amèrement.

Ainsi coulaient les jours d'hiver dans la maison
des Brudz, la femme s'éteignant lentement, l'homme dépérissant, tenaillé par l'attente continuelle du
malheur. Il avait perdu le sommeil et l'appétit, allait
et venait comme en rêve, et bien qu'il continuât ses
occupations journalières et fît visite de temps à
autre aux voisins, l'inquiétude le poursuivait sans
répit.

— Eh bien ? demandait-il plusieurs fois par jour
à la malade. Te sens-tu mieux ?

— Je reviens, je reviens... répondait-elle dans
un souffle.

La Grzelowa, qui les voyait, répétait au voisi-
nage :

— Il n'y a pas de mari comme celui-là au
village. Il ne voit que sa femme au monde !

Et elle disait vrai.

A quelque temps de là, un gendarme allemand
vint apporter aux Brudz l'ordre de payer une
amende de mille marks.

Payer pour son froment ! cela ne lui entrait pas
dans la tête.

— Vous m'avez volé et je dois vous donner de
l'argent ? Que le diable m'emporte si je vous donne
un liard ! J'ai dit. Et maintenant, hors d'ici, cria-t-il
au gendarme, auquel un juif à lunettes d'or servait
d'interprète.

L'autre fit mine de prendre son revolver et sortit
en tempêtant, mais un moment après le juif appelait
Adam sur le seuil :

— Patron, donnez cent marks au gendarme et il
ne portera pas plainte contre vous pour insulte.

— Je vais les lui donner sur la figure ! gronda-
t-il en serrant les poings. Vous, monsieur le juif,
dites-lui que c'est moi qui porterai plainte contre
ceux qui ont frappé ma femme.

— Vous le pouvez. Les Allemands sont justes.
Si vous avez raison et des témoins, vous gagnerez.
Mais je vous conseille de donner au moins cinquante

marks. Il tient à son honneur et vous lui avez montré la porte. Cela peut tourner mal.

Rien ne put le décider, ni les prières ni les menaces, ni les conseils de l'adjoint, ni les supplications de sa femme. En fin de compte, on lui confisqua son cheval pour couvrir l'amende et on lui intenta un procès pour offense à l'autorité.

— Le cheval ne valait pas grand'chose. Ne te fais pas de peine, Marie, disait-il à sa femme. Qu'on chasse seulement les Allemands et je t'achèterai un bel attelage. Nous irons au pardon de saint Antoine, à Lagiewnik, avec deux beaux chevaux. Le maître de Tkaczew en a justement à vendre. Tu voudrais bien, dis-moi ?

— J'ai fait vœu, si je guéris, d'aller à pied à Czenstochowa.

— Nous irons pour la Pentecôte, nous irons.

Elle sourit avec bonheur et murmura :

— Le printemps n'est pas loin, nous sommes à la Sainte-Agnès.

— Sainte Agnès lâche l'alouette, dit-on, mais le printemps n'est pas encore là. Il y aura du changement, je le vois à la couleur des bois et aux fumées.

En effet, dès le lendemain, le vent tourna, le froid diminua, et d'horribles tourmentes de neige se déchaînèrent. On ne distingua plus ni routes, ni forêts, ni maisons. Le monde entier semblait bouillir comme une immense marmite où gonfleraient des flots d'écume blanche. Les arbres secoués par les rafales hurlaient en se tordant comme des chiens à l'attache. Tout le village paraissait mort dans ses chaumières ensevelies.

La maison des Brudz, qui s'élevait à l'entrée des champs, souffrait plus que d'autres, battue jour et nuit par les ouragans qui entassaient la neige jusqu'à son chaume. Adam était obligé de se frayer un chemin à grand peine pour aller à l'étable ou à l'écurie. Tout travail au dehors était impossible ; il restait constamment au coin du feu, occupé à tailler des rayons de roue, travail dans lequel il était passé maître.

La Grzelowa tenait le ménage, amusant la malade par son babillage continuel. Mais Marie n'entendait pas le quart de ce qu'elle débitait. Elle regardait par la fenêtre les arbres que le vent secouait.

— Elles m'appellent, dit-elle un jour. Les âmes du Purgatoire m'appellent. Je les entends bien. Il est temps d'y aller. Mes frères, mon père, mes grands-pères, ils sont tous là, qui regardent.

— Qu'est-ce qui vous prend ? C'est le vent qui remue les arbres.

Adam lâcha son travail et la regarda épouvanté.

— Les arbres ? disait Marie. Mais vous êtes donc aveugles, que vous ne voyez pas ?

Un coup de vent si furieux secoua tout à coup la chaumière que les tableaux de saints sautèrent des murs sur le plancher :

— Dieu nous garde ! cria-t-elle en reprenant ses sens.

La Grzelowa emmena Adam à part :

— Il faut faire venir le prêtre, dit-elle. Elle peut encore se remettre, mais on ne sait jamais. Quand l'heure est venue...

Dans l'après-midi, le vent ayant cessé et la route étant praticable, le curé apporta le Saint-Sacrement. Beaucoup de monde s'était rassemblé, les uns attendant sur le seuil, les autres battant la semelle le long de la haie, attendant qu'on ouvre la porte.

Marie se confessa exemplairement, reçut le Viatique, l'Extrême-Onction, mais tomba dans une telle faiblesse que la Grzelowa lui mit en main un cierge allumé et commença à réciter la prière des agonisants.

Adam était debout au pied du lit, plus mort que vif. Il ne comprenait qu'une chose : c'était que sa femme allait mourir et il n'y pouvait rien.

— Ouvrez la porte, dit la Grzelowa, que cette âme s'envole en paix dans les champs du bon Jésus.

On ouvrit la porte toute grande. Tous les gens

étaient à genoux. Un souffle brûlant de prières et de pleurs emplissait la chambre. Dans la lumière jaune du cierge, le visage de la mourante semblait rayonner d'extase. Elle ne bougeait plus.

Mais à l'étonnement de tous, elle ne s'envola pas encore ce jour-là dans les champs du bon Jésus. Elle ouvrit les yeux et sourit :

— Je partais déjà. Vos prières m'ont retenue.

Tous se dispersèrent, admirant ce fait singulier et louant la miséricorde du Seigneur. La femme de l'adjoint, tante de Brudz, sortit la dernière en le priant de l'accompagner sur la route.

— Ecoute, lui dit-elle, il faut que tu le saches, elle va s'éteindre comme une chandelle, un de ces quatre matins. Qu'est-ce que tu deviendras, mon pauvre garçon ? Une maison pareille sans femme ? Les domestiques te mangeront... Il faut te faire une raison... — et elle ne quittait pas des yeux son pauvre visage décharné.

— Laissez-moi tranquille, ma tante, cria-t-il en se sauvant indigné. C'est un péché.

La malade, après tant d'émotions, s'était assoupie.

— J'avais bien dit qu'elle se sentirait mieux, murmura la Grzelowa, en épluchant ses pommes de terre. On a vu ça. Le prêtre était venu, le glas sonnait, les gens pleuraient et le lendemain la malade demandait à manger de la saucisse et à boire la goutte.

— Si cela arrive, je vous donne un arpent de terre, dit Adam d'un ton solennel.

— Les prédictions ne sont jamais sûres, mais tout arrive.

Marie, le lendemain, ne réclama pas de saucisse, mais se sentant un peu plus forte, voulut se lever. On dut la remettre au lit.

— J'ai les jambes en coton, dit-elle, d'être restée si longtemps couchée. Que je me repose seulement et que je mange quelque chose de bon, et vous verrez.

La maison fut en joie. Adam rapporta de chez le curé une bouteille de bon vin : la Grzelowa se mit à fabriquer de bons petits plats, des œufs, du pigeon, du poulet, du bouillon, et elle encourageait la malade, comme un enfant, avec des mots tendres.

— L'eau m'en vient à la bouche quand je vois tout cela, disait Marie, et dès que je l'ai pris, il me semble que je mâche du drap.

Le vin lui donna cependant un peu de forces, et, un jour qu'Adam était allé au village, elle se mit à faire ses confidences à la Grzelowa.

— Ce n'est pas juste, disait-elle, que les jeunes s'en aillent avant les vieux.

— C'est la volonté de Dieu, répondit la vieille en se renfrognant.

— J'étais la première au travail, je suffisais à tout, j'aidais les gens, je venais en aide aux nécessiteux, je ne négligeais pas ma religion, et j'aurais pu encore avoir des enfants : je n'ai pas trente ans. Je pouvais encore faire du bien ici-bas. Et dire qu'il y a tant de malheureux qui implorent la mort, et qui vivent. Tant de mendiants inutiles, tant de malades qui ne font qu'encombrer les maisons, tant de vagabonds et de bandits. Oh ! mon Dieu ! et la mort les oublie.

— Vous dites vrai, opinait la Gzrelowa d'un air sombre.

— On n'est pourtant pas une mendiante, quand on est maîtresse sur vingt arpents de terre ! continuait Marie avec indignation. Est-ce qu'il y a une justice au monde ?

— La mort ne regarde pas aux arpents. Elle prend qui lui tombe sous la main, le dernier des mendiants comme le plus riche seigneur... Et c'est peut-être cela qui est juste, ajouta tout bas la vieille.

Elles bavardaient souvent ainsi, car les forces de la malade revenaient de jour en jour.

Par une matinée de soleil, elle se sentit si forte qu'elle fit tirer du coffre tous ses vêtements de fête.

La Grzelowa les lui déploya sur son lit. Avec une joie indicible, elle se mit à examiner ses robes, ses corsages, ses châles, ses mouchoirs, ses colliers, ses rubans.

— C'est Adam qui m'a acheté celui-là à Varsovie, disait-elle, en mettant sur sa tête un mouchoir aux tons éclatants.

— Les couleurs changent comme l'eau au soleil. Il n'y en a pas une au village qui en ait un pareil.

— Et ce jaune avec ces palmes !

— Splendide ! il en fait mal aux yeux, s'écriait la vieille avec une admiration sincère.

— C'est pour ma fillette que je gardais tout cela, murmura Marie avec tristesse. Je me disais : quand elle sera grande, je lui donnerai en dot ce corail que je tiens de ma mère, et ces ambres vrais, et cette petite croix avec des grenats, et ces beaux mouchoirs. Dieu en a disposé autrement... Ce ne sera ni pour elle, ni pour moi. Il faut tout laisser et partir.

Elle fondit en larmes. La Grzelowa ramassa les vêtements et les cacha dans le coffre.

— Quand je pourrirai sous terre comme un chien, une fille du village mettra tout cela... O misère ! misère !...

Elle passa des heures à sangloter, torturée par la jalousie, et le soir, quand son mari fut rentré et vint s'asseoir sur son lit pour lui lire la prière dans son livre, elle l'interrompit violemment :

— Où as-tu passé ton après-midi ? Chez les Kasimir, n'est-ce pas ? Les châles iront bien à la Magda. Tu ne pourras pas rester sans femme assurément. Mais écoute-moi bien, cria-t-elle, le visage empourpré et les yeux en feu, je défends qu'on touche à mes colliers d'ambre et de corail. Ils viennent de ma mère et me suivront dans ma tombe. Qu'ils pourrissent avec moi. Personne ne les aura !

Il la regarda avec un tel navrement qu'elle lui saisit la main et la pressant sur son cœur, l'embrassant, l'inondant de larmes, elle supplia en hoquetant :

— Oublie ce que j'ai dit ! Je ne sais même plus ce qui me passe par la tête ! J'ai un tel chagrin de te laisser, Adam, un tel chagrin !

Il finit par l'apaiser, lui essuya les yeux et lui mit la tête sur l'oreiller.

— Qu'est-ce que cela coûterait au bon Dieu, si seulement je vivais encore cette année ? Si je pouvais voir encore les arbres fleurir et les champs au printemps ? Si je pouvais encore une fois planter les pommes de terre et semer le lin, me chauffer au soleil, à la moisson et aller au pardon de la Pentecôte ? Pas plus, Adam, pas plus. Je te préparerais tout convenablement pour l'hiver. Je ferais venir le cochon à lard. J'élèverais la volaille. Je te mettrais des champignons en conserve. Je préparerais la choucroute. A la fin de l'automne, je serais prête à mourir. Qu'est-ce qu'il en coûterait au bon Dieu ? Qu'est-ce qu'il lui en coûterait ?

Il ne put y tenir plus longtemps, et prenant un prétexte quelconque, s'enfuit dehors pour pleurer à chaudes larmes.

Elle ne dormait pas encore quand il revint.

— Assieds-toi près de moi, lui dit-elle, j'ai peur.

Elle avait la respiration entrecoupée, les mains moites, les yeux brillants de fièvre.

— Je le reconnaîtrais tout de suite, ce brigand, cria-t-elle soudain avec un accent de haine.

— Quel brigand ?

— Celui qui a tué notre enfant et moi, cet Allemand. Je me souviens bien : une grosse figure rouge, des moustaches rousses, des yeux de cochon méchant, tout jaunes.

— Je me le rappelle aussi ; n'aie pas peur, je ne l'oublie pas...

— Et moi, même après ma mort, je ne lui pardonnerai pas. Je demanderai à Dieu, à deux genoux, de le punir. Quand il m'a frappé, j'ai senti la mort entrer en moi. Mais ce qui m'a fait de la peine, c'est ce petit être qui n'a pas vu ce monde...

Je, le vois, il marche dans la chambre, il m'appelle... Je l'entends, quand je ne dors pas. Il est là, sur le lit, il tire l'oreiller. Il dit : Maman !...

Elle parlait comme en rêve et s'endormit en chuchotant.

Le lendemain, elle allait mieux. Elle commanda à sa servante de faire venir ses bêtes qu'elle voulait voir.

En un instant la chambre fut remplie de battements d'ailes et de cris de volaille. Canards, poules, oies et pigeons se bousculaient à qui mieux mieux.

— Donnez-moi du grain, demanda-t-elle. — On lui en donna une mesure. Elle le prenait à poignées et l'éparpillait lentement sur la masse mouvante de becs et de plumes qui assaillait son lit.

Mais elle se fatigua vite de tout ce vacarme, et quand on eut chassé la volaille, elle resta longtemps immobile à regarder les lapins qui gambadaient à travers la chambre.

— Grzelowa, dit-elle tout à coup, j'ai rêvé cette nuit que je me baignais dans l'étang derrière le moulin. L'eau était claire et il y avait tellement de sable que j'enfonçais jusqu'aux genoux.

La vieille fit une grimace. Ce rêve lui semblait de mauvais augure.

— Et des poissons, en avez-vous vu ?

— Non, de l'eau et du sable. Et j'avais bien honte, j'étais toute nue.

— La femme de l'organiste a un livre dans lequel il y a tout ce que les rêves veulent dire. Je vais aller le lui demander. De l'eau, toute nue et du sable... répétait-elle pour ne pas oublier.

Aussitôt après le repas, elle se rendit du côté de l'église.

— Le loup ne mange pas par procuration, dit la devineresse à la Grzelowa. J'irai moi-même.

C'était une fine mouche, une forte langue, et malgré une chétive santé, une bonne fourchette quand cela ne coûtait rien.

En entrant chez les Brudz, elle parla aussitôt de casser une croûte, et dès qu'elle eut quelque chose sous la dent, elle tira le précieux livre. La malade attendait le cœur battant. Le mari paraissait soucieux.

— Marcher dans l'eau, lisait la vieille d'un ton solennel, c'est maladie. Mais comme c'est dans l'eau pure et courante, ce sera prospérité et lettre chargée.

— Oui, justement le frère d'Adam est à l'armée : il demande toujours de l'argent.

— Mais ces sables ne me plaisent pas, glissa la Grzelowa, d'un air important.

— Fariboles ! S'ils sont hauts, c'est mort. S'ils

sont sous l'eau claire, c'est longue vie. Et s'il y avait des poissons, ce serait au contraire perte de biens et maladie d'enfants, assura la femme imperturbable.

— O Dieu ! Qu'est-ce que je donnerais !... soupirait la malade, le sang au visage, et buvant les paroles de la vieille.

— L'automne dernier, la dame de Mrozow m'a envoyé sa femme de chambre pour que je lui explique un rêve. Tout s'est vérifié, un mois plus tard. Elle m'a fait donner une mesure de froment.

— Tout ça, c'est des bêtises, dit Adam en haussant les épaules. Mais la vieille se rebiffa de si belle façon qu'il quitta la place en faisant un geste de dédain.

— Voyez-vous ces hommes ? dit-elle. Pas plus de raison... Pour eux, une saucisse sur le plat, voilà la vérité. Le mien est comme ça. Il est instruit pourtant, il est toujours chez le curé, il lit les journaux, et il est bête comme ses pieds ! Parlez-lui de songes et de sorts : il ne croit à rien.

Quelques commères survinrent encore et toute la maisonnée bavardait lorsque, à la tombée du jour, des grelots retentirent sur la route.

— Les Allemands ! cria la Grzelowa en regardant par la fenêtre.

Un traîneau venait de s'arrêter et quelques soldats, le fusil à la main, entrèrent dans la cour.

— Appelez vite Adam ! cria la malade épouvantée.

Aussitôt un gros Allemand pénétra dans la chambre en faisant sonner ses bottes. Deux baïonnettes le suivaient. La maison était plongée dans l'obscurité.

— Adam Brudz est-il ici ? demanda une voix éraillée qui fit frissonner la malade.

— Le voilà ! Que voulez-vous ? répondit l'homme en s'avançant.

— Voici un ordre, dit l'autre en dépliant un papier. Mille marks d'amende pour insulte à un gendarme en service, et mille autres marks pour résistance à l'autorité.

— Et si je refuse ?

— On mettra la main sur toute la maison. Vous faites le malin, mais on vous fera filer doux. On prendra jusqu'à la dernière vache. De la lumière !

Adam alluma une lampe et la posa sur le rebord de la cheminée. On vit alors un gros visage rougeaud, des moustaches rousses et de petits yeux clignotants.

— C'est lui ! cria la malade d'une voix terrible, en se soulevant sur son lit. C'est le maudit qui m'a tué mon enfant ! Au secours !

L'Allemand recula comme devant un fantôme;

les femmes se pelotonnaient en tremblant sous la fenêtre ; les soldats accoururent à la porte. Marie, hors d'elle-même, continuait à vociférer en tendant le poing.

— Tiens-le ! C'est lui ! Venge-moi ! Venge notre enfant !

Mais l'homme s'était déjà précipité sur l'Allemand et, d'un coup forcené au visage, l'envoyait rouler tout en sang sur le métier à tisser. Les soldats se jetèrent au secours de leur chef. Une lutte effroyable s'engagea. Les femmes poussaient des cris déchirants. La malade s'évanouit. Adam se défendait avec une énergie sauvage, mais il dut céder à la force et resta inanimé, accablé de coups, inondé de sang, sur le plancher.

Le chef, revenu de son étourdissement, s'approcha de lui, et le regardant d'un air haineux :

— Nous aurons raison de cet oiseau-là ! Il me le paiera ! Debout, animal ! cria-t-il en le frappant de sa botte.

Les femmes apportèrent de l'eau. Adam ouvrit les yeux et se leva. Il fléchissait sur ses jambes. Il avait la nuit dans l'âme. Une haine affreuse l'étreignait à la gorge.

— Qu'on l'attache ! ordonna l'Allemand.

— Inutile ! Je ne vous échapperai pas. Je vous suis.

On lui permit de changer de vêtements. La Grzelowa lui prépara un petit paquet. Il s'approcha de sa femme.

— Marie, Marie ! disait-il d'une voix mourante.

Elle reprit ses sens et se jeta à son cou en sanglotant.

— O mon Dieu ! mon Dieu ! nous ne nous reverrons que là-haut !

Puis elle vomit un flot de sang et retomba évanouie. Adam s'agenouilla près d'elle, mais en se relevant il saisit la hache cachée sous le lit et la glissa sous sa peau de mouton.

— Plus vite, ou je vous fais emmener ! cria le chef.

Adam, sur le seuil, se retourna encore. Sa femme agonisait. La Grzelowa avait allumé un cierge et les assistants priaient à haute voix.

Un grand nombre de gens s'étaient rassemblés devant la maison. Ils se découvrirent sur son passage et l'on entendait des sanglots étouffés, comme à un enterrement.

— Dieu vous garde, mes amis ! dit-il ; puis il monta sur le traîneau, entouré par les soldats, et les chevaux partirent.

Il faisait nuit. Ils entrèrent sous bois. Les chevaux ralentissaient leur allure, car il était tombé beaucoup de neige et la route n'était pas déblayée. Adam se trouvait au milieu de quatre Allemands ; deux par devant conduisaient, deux le surveillaient par derrière. Personne ne disait mot. Le froid pinçait et la neige craquait sous les sabots des chevaux. Le ciel était criblé d'étoiles. La route serpentait entre les sapins dont les branches, ployées sous la neige, fouettaient le visage. Adam, replié en lui-même, ne sentait plus ni coups ni blessures. Il méditait sa vengeance et son regard chargé de haine croisait parfois celui de l'ennemi. Il attendait, palpant sa hache. Plus tard ! Le moment n'était pas venu...

Ils traversaient maintenant des champs neigeux; on apercevait au loin des lumières. La route était longue et pénible. Le sommeil gagnait déjà les Allemands. Il voyait leurs têtes s'en aller et vaciller. Les chevaux aussi étaient fatigués. Il guettait l'occasion favorable et, pour mieux tromper la vigilance de ses gardiens, se mit à réciter ses prières à mi-voix et à se battre la poitrine. Ce mouvement fit tomber la hache à ses pieds ; il la tenait par le manche.

Enfin l'instant approchait. Ils venaient de rentrer sous bois. L'obscurité augmentait. L'allure de l'attelage se faisait de plus en plus lente ; tous les Allemands somnolaient.

Il se dressa d'un bond et abattit sa hache sur la tête du premier qui s'affaissa comme une masse, sans un cri, puis il tua le second d'un second coup foudroyant, et avant que le troisième eût le temps de saisir son arme, il lui trancha la nuque et reçut en pleine face une gerbe de sang chaud. Le quatrième avait sauté à terre et eut le temps de faire feu. Mais il visa mal, la hache lui fendit la tête et il roula dans la neige. Tout cela s'était passé en un clin d'œil ; les quatre Allemands gisaient comme des bêtes d'abattoir.

— La gelée vous achèvera, murmura-t-il haineusement en regardant leurs dernières convulsions. Puis il leva les yeux au ciel.

— Que faire à présent ?

Fuir ? où fuir ? On le pourchasserait comme un chien enragé. On le prendrait. Sa femme était morte, que ferait-il sans elle ? Il était vengé, rien ne l'intéressait plus...

Il remit les cadavres sur le traîneau et fouetta l'attelage. Il ne pensait plus qu'à sa femme, et pleurait de rage et d'amour.

Il ne savait où il était quand les chevaux s'arrêtèrent à l'aube, devant le quartier allemand. Ce ne fut qu'un cri. Toute la ville accourut. Il raconta tout.

On l'enferma, on le mit aux fers, il reçut le numéro 437.

Quelques jours plus tard, le conseil de guerre le condamna à mort. Il sourit et dit aux juges, avec un accent de sauvage triomphe :

— J'en ai tué un pour ma femme ; j'en ai tué un autre pour l'enfant ; le troisième, c'est pour le cheval, le quatrième, pour moi. Et vous n'avez que moi seul à tuer. Vous pouvez aussi m'embrasser quelque part !

Il sortit, le front haut, et ne permit même pas qu'on lui bandât les yeux.

FIN

7

CET OUVRAGE A ÉTÉ ACHEVÉ D'IMPRIMER
PAR LES SOINS DE A. ET F. DEBEAUVE,
MAITRES IMPRIMEURS, A PARIS, LE VINGT
DE FÉVRIER 1925